EDITION OSHO

Die Texte für dieses Buch sind ausgesuchte Transkripte aus Diskursen von Osho. Alle Diskurse, die Osho vor einer internationalen Zuhörerschaft gehalten hat, sind als Originale publiziert worden und als Original-Audios erhältlich. Audios und das vollständige Text-Archiv finden sie unter der online Bibliothek „Osho Library“ bei www.osho.com

FSC www.fsc.org
MIX
Papier aus verantwortungsvollen Quellen
FSC® C083411

Titel der Originalausgabe
Love, Life, Laughter

16. Auflage 2022
Umschlaggestaltung: Silke Watermeier, www.watermeier.net

Druck: CPI books, Leck
Printed in Germany

ISBN 978-3-936360-83-7

OSHO

Leben Lieben Lachen

Ein Lebensfreude-Lesebuch

Inhalt

LEBEN

LIEBEN

LACHEN

LEBEN

Verrückt sein heißt vernünftig sein

DIE WELT HAT SCHON SO SCHÖNE, VERRÜCKTE MENSCHEN GESEHEN! Genauer gesagt, alle großen Menschen der Welt sind ein klein wenig verrückt gewesen – verrückt in den Augen der Welt. Man nannte sie verrückt, weil sie nicht unglücklich waren, weil sie nicht in Angst lebten, keine Angst vorm Tod hatten, sich keine Sorgen um Kleinigkeiten machten. Sie lebten jeden Moment aus, mit Rückhaltlosigkeit und Intensität, und durch diese Rückhaltlosigkeit und Intensität wurde ihr Leben zu einer wunderschönen Blüte, sie waren voller Duft, voller Liebe und Leben und Lachen.

Aber das kränkt natürlich Millionen Leute, die um dich herum sind. Sie können den Gedanken nicht zulassen, dass du etwas erreicht hast, was sie verpasst haben; sie werden alles versuchen, um dich herunterzuziehen. Ihre Missbilligung ist nichts anderes als der Versuch, dich unglücklich zu machen, dir deinen Tanz zu verderben, dir deine Freude zu nehmen, damit du dich wieder in die Herde einreihen kannst.

Man muss seinen Mut zusammennehmen – und wenn die Leute behaupten, du bist verrückt, dann freu dich bei dem Gedanken. Sag ihnen: „Ihr habt Recht – in dieser Welt können nur verrückte Leute froh und glücklich sein. Ich habe die Verrücktheit gewählt, und damit Freude, Glück und Tanz; ihr habt die Vernunft gewählt, und damit Unglück, Angst und Hölle – unsere Geschmäcker sind verschieden. Seid ihr nur klug und bleibt unglücklich; aber lasst mich in meiner Verrücktheit zufrieden. Fühlt euch dadurch nicht beleidigt. Ich empfinde euch alle auch nicht als Beleidigung – so viele vernünftige Menschen auf der Welt, und ich empfinde es nicht als Beleidigung!"

Es ist nur eine Frage der Zeit, von ganz wenig Zeit ... Sehr bald, wenn sie dich als verrückt akzeptiert haben, werden sie dich nicht mehr belästigen; dann kannst du ins volle Licht treten mit deinem ursprünglichen Wesen, kannst alles Unechte an dir fallen lassen.

Unsere ganze Erziehung schafft eine Spaltung mitten durch unser Bewusstsein. Wir müssen der Gesellschaft, der Masse, der Welt ein bestimmtes Gesicht zeigen – dein wahres Gesicht braucht es nicht zu sein; vielmehr darf es gar nicht dein wahres Gesicht sein. Du darfst nur das Gesicht zeigen, das die Leute sehen wollen, das die Leute gut finden, das für sie, für ihre Ideologien, für ihre Traditionen akzeptabel ist – und dein eigentliches Gesicht musst du für dich behalten.

Diese Spaltung wird so unüberbrückbar, weil du die meiste Zeit in der Masse bist, Leute triffst, mit Leuten zu tun hast. Nur ganz selten bist du allein. Natürlich wird dann die Maske immer mehr Teil von dir, mehr noch als dein wirkliches Wesen selbst.

Und die Gesellschaft weckt in jedem eine bestimmte Angst – die Angst vor Zurückweisung, die Angst, jemand könnte über dich lachen, die Angst, dein Ansehen zu verlieren, die Angst davor, was die Leute wohl sagen werden. Du musst dich an lauter blinde und unbewusste Leute anpassen, du darfst nicht du selber sein. Das ist unsere allererste Tradition bis heute, überall auf der Welt: dass niemand einfach er selbst sein darf.

Sobald der andere ins Spiel kommt, geht es dir weniger um dich selbst; dir geht es mehr darum, was seine Meinung über dich sein wird. Wenn du im Badezimmer allein bist, wirst du fast zum Kind, schneidest du manchmal Fratzen vorm Spiegel. Aber wenn dir plötzlich bewusst wird, dass jemand durchs Schlüsselloch guckt, und sei es nur ein kleines Kind, änderst du dich augenblicklich, wirst du wieder dein normales, altes Selbst – ernst, nüchtern, so wie es die Leute von dir erwarten.

Und das Erstaunliche ist, dass du vor diesen Leuten Angst hast und sie vor dir Angst haben – jeder hat vor jedem Angst. Niemand lässt seine Gefühle zu, seine Realität, seine Authentizität. Dabei will es jeder, denn es ist ausgesprochener Selbstmord, ständig dein ursprüngliches Gesicht zu unterdrücken.

Allein deinem wahren Wesen bist du verantwortlich. Handle ihm nicht zuwider, weil dies Selbstmord bedeutet, Selbstzerstörung. Und was ist der Gewinn? Selbst wenn die Leute dir Achtung erweisen und glauben, dass du ein sehr besonnener, respektabler, ehrbarer Mensch bist: Diese Dinge werden dein Wesen nicht nähren. Sie werden dir kein bisschen mehr Einsicht in das Leben und seine ungeheure Schönheit gewähren.

Du bist allein auf der Welt. Allein bist du auf die Welt gekommen, allein bist du hier und allein wirst du die Welt verlassen. All ihre Meinungen werden zurückgelassen sein; nur deine ursprünglichen Gefühle, deine authentischen Erfahrungen werden noch über den Tod hinaus mit dir sein.

Selbst der Tod kann dir deinen Tanz, deine Freudentränen, die Reinheit deines Alleinseins, deine Stille, deine Heiterkeit, deine Ekstase nicht nehmen.

Das, was der Tod dir nicht nehmen kann, ist der einzig wirkliche Schatz; und das, was dir von irgendwem genommen werden kann, ist kein Schatz – du lässt dich nur zum Narren halten. Deine einzige Sorge sollte sein, jene Eigenschaften zu pflegen und zu schätzen, die du mitnehmen kannst, wenn der Tod deinen Körper, deinen Verstand zerstört – denn diese Eigenschaften werden deine einzigen Gefährten sein. Sie sind die einzig wahren Werte. Und die Menschen, die sie erlangen – sie allein sind lebendig; die anderen geben nur vor zu leben.

Aus: The Hidden Splendor

Nimm das Leben nicht als Rechenaufgabe

Ist es wichtig, eine bestimmte Lebenseinstellung zu haben?

DER SICHERSTE WEG, DAS LEBEN ZU VERPASSEN, IST, IHM GEGENÜBER eine bestimmte Einstellung zu haben. Einstellungen kommen aus dem Verstand, und das Leben ist jenseits von Verstand. Einstellungen sind unser Werk, unsere Vorurteile, unsere Erfindungen. Das Leben ist nicht unser Werk; im Gegenteil, wir sind nur kleine Wellen auf dem See des Lebens.

Was für eine Einstellung kann eine Welle dem Ozean gegenüber haben? Was für eine Einstellung kann ein Grashalm der Erde gegenüber haben, dem Mond, der Sonne, den Sternen gegenüber? Alle Einstellungen sind egoistisch, alle Einstellungen sind dumm.

Das Leben ist keine Philosophie, es ist keine Rechenaufgabe, es ist ein Mysterium. Nicht einem bestimmten Muster, nicht einer Konditionierung, nicht dem, was man dir darüber erzählt hat, musst du folgen, sondern du musst ganz von vorn anfangen, bei Null. Jeder einzelne Mensch sollte sich wie der erste Mensch auf Erden vorkommen: er ist Adam oder Eva. Dann kannst du dich öffnen, kannst dich unendlichen Möglichkeiten öffnen. Dann bist du empfänglich, zugänglich; und je empfänglicher du bist, je zugänglicher du bist, desto größer ist die Chance, dass dir das Leben zufällt. Deine Einstellungen funktionieren wie Schranken; dann erreicht dich das Leben nie so, wie es ist, sondern es hat sich deiner Philosophie, Religion,

Ideologie anzupassen, und gerade durch diese Anpassung stirbt etwas in ihm. Was du danach in Händen hältst, ist ein Leichnam: Er mag dir wie Leben scheinen, aber er ist es nicht.

Genau das haben die Menschen seit eh und je gemacht. Die Hindus leben nach der Hindu-Einstellung, die Muslime nach der muslimischen Einstellung und die Kommunisten nach der kommunistischen Einstellung. Aber vergesst eine grundlegende, fundamentale Wahrheit nicht: Die Einstellung erlaubt euch nicht, mit dem Leben so in Kontakt zu kommen, wie es ist. Sie verzerrt, sie deutet.

Es gibt eine alte griechische Geschichte: Ein despotischer König hatte ein schönes goldenes Bett, sehr wertvoll, mit Tausenden von Diamanten bestückt; und immer wenn ein Gast im Palast war, bot er ihm das Bett an. Aber er hatte eine bestimmte Vorstellung: Der Gast musste in das Bett passen. Wenn der Gast ein bisschen länger war, dann stutzte ihn der König auf die richtige Größe zurecht. Das Bett war natürlich zu wertvoll, um geändert zu werden, also musste der Gast nach dem Bett zugeschnitten werden – als ob das Bett nicht für den Gast existierte, sondern der Gast für das Bett! Und es ist sehr selten, fast unmöglich, einen Menschen zu finden, der genau in ein vorgefertigtes Bett passt.

Den Durchschnittsmenschen gibt es nicht, bedenkt das; der Durchschnittsmensch ist eine Fiktion, und das Bett war für den Durchschnittsmenschen gemacht. Der König war ein Mathematiker – es waren große Berechnungen vorausgegangen. Er hatte die Größe aller Bürger seiner Hauptstadt gemessen, und die wurde dann durch die Anzahl der Bürger dividiert; so war er zu einem festen Durchschnittswert gelangt. Nun, es gab kleine Kinder in der Hauptstadt, junge Leute, alte Leute, Zwerge, Riesen, aber der Durchschnitt war etwas völlig anderes. Es gab keine einzige Person in seiner ganzen Hauptstadt, die wirklich Durchschnitt war. Mir ist nie ein Durchschnittsmensch begegnet – der Durchschnittsmensch ist eine Fiktion. Wer immer also Gast war, dem drohte Unheil. War er kürzer als das Bett, dann hatte der König große Ringer, um den Menschen zurechtzustrecken. Das muss der Anfang von Rolfing gewesen sein! Ida Rolf muss es von diesem König gelernt haben. Natürlich starb jeder Gast, aber das war nicht die Schuld des Königs – er tat alles mit den besten Absichten der Welt!

Wenn du eine bestimmte Einstellung zum Leben hast, wirst du das eigentliche Leben verfehlen. Das Leben ist unermesslich, keine Einstellung kann es fassen; unmöglich, es in eine bestimmte Definition zu pressen. Deine Einstellung mag wohl einen bestimmten Aspekt abdecken, aber es ist nur ein Aspekt. Und der Verstand hat die Tendenz, das, was er sieht, zum Ganzen zu erklären, und sobald der Aspekt zum Ganzen erklärt wird, hast du bereits die eigentliche Verbindung zum Leben verfehlt. Dann lebst du eingehüllt in deine Einstellung, eingekapselt in eine Art Kokon, und du bist unglücklich. Das freut all eure so genannten Religionen, denn genau das haben sie euch ja immer gesagt – dass das Leben ein Unglück ist.

Buddha sagt: Geburt ist Unglück, Jugend ist Unglück, Alter ist Unglück, Tod ist Unglück – das ganze Leben ist nichts als eine lange, lange Tragödie. Wenn du mit einer Einstellung beginnst, wirst du finden, dass Buddha vollkommen Recht hat; du bist selbst ein Beweis dafür.

Aber ich möchte euch sagen, dass das Leben kein Unglück ist und dass ich absolut nicht einer Meinung bin mit Buddha. Das Leben wird zum Unglück, aber das ist euer Werk; ansonsten ist Leben ewige Freude.

Aber um diese ewige Freude zu kennen, müsst ihr mit offenem Herzen, mit offenen Händen kommen. Geht nicht mit geschlossenen, geballten Fäusten an das Leben heran. Öffnet eure Hände. Geht mit unendlicher Unschuld ins Leben hinein. Einstellungen sind schlau: Du weißt schon Bescheid, ohne gekostet zu haben, ohne erfahren zu haben, ohne gelebt zu haben. Du hast schon bestimmte Schlüsse gezogen, und da diese Schlüsse schon *a priori* in dir sind, findest du sie natürlich vom Leben bestätigt. Nicht etwa, weil das Leben sie bestätigt, sondern weil dein ganzes Denken nach Mitteln und Wegen, Argumenten und Daten suchen wird, die sie stützen.

Ich lehre euch ein Leben ohne Einstellungen. Das ist einer der Grundpfeiler meiner Erfahrung: Wenn du wirklich wissen willst, was ist, dann wirf jede Philosophie, jeden „Ismus" weg. Dann gehe mit offenen Händen völlig nackt in die Sonne hinaus, um nachzusehen, was ist.

In der Vergangenheit nahm man an, dass die Sinne wie Tore sind, dass die Realität von unseren Sinnen aus zu unserem innersten Sein gelangt. Jetzt beweist die jüngste Forschung etwas anderes: Unsere Sinne sind nicht einfach nur Tore, sie sind auch Wächter. Nur zwei Prozent aller Informationen werden durchgelassen, achtundneunzig Prozent müssen draußen bleiben. Alles, was gegen deine Lebenseinstellung verstößt, wird ferngehalten, und nur zwei Prozent sickern durch. Nun, ein nur zweiprozentiges Leben zu leben, heißt gar nicht zu leben. Warum sich für ein bloß zweiprozentiges Leben entscheiden, wenn man hundertprozentig leben kann?

Du fragst: *Ist es wichtig, eine bestimmte Lebenseinstellung zu haben?*

Es ist nicht nur nicht wichtig, sondern es ist gefährlich, eine Lebenseinstellung zu haben. Warum nicht dem Leben seinen

Tanz, seinen Gesang lassen, ohne jede Erwartung? Warum können wir nicht ohne Erwartungen leben? Warum können wir nicht das, was ist, in dieser seiner Reinheit sehen? Warum sollten wir uns ihm aufzwingen? Und niemand wird dabei der Verlierer sein. Wenn du dich dagegen dem Leben aufzwingst, wirst du der einzige Verlierer sein.

Es ist besser, das Leben nicht zu benennen, es ist besser, ihm keine Struktur zu geben, es ist besser, sein Ende offen zu lassen, es ist besser, es nicht zu kategorisieren, es nicht zu etikettieren. Dann wirst du die Dinge sehr viel schöner erfahren, du wirst sie kosmisch erfahren; denn die Dinge sind nicht wirklich getrennt.

Die Existenz ist ein organisches Ganzes, sie ist eine organische Einheit. Der kleinste Grashalm, das kleinste Blatt an einem armseligen Baum ist so wichtig wie der größte Stern. Das kleinste Ding ist auch das größte, weil alles eine Einheit ist, weil alles die ganze Bandbreite enthält. Sobald du anfängst zu trennen, fängst du an willkürliche Linien, Definitionen zu schaffen. Und genau auf diese Art geht man am Leben und seinen Mysterien immer wieder vorbei. Wir alle haben Einstellungen; das ist es, was uns quält. Wir alle blicken von einem bestimmten Gesichtspunkt aus, darum verarmt unser Leben; denn jeder Gesichtspunkt kann höchstens eindimensional sein, und das Leben ist multidimensional. Du musst flüssiger werden, fließender, mehr zergehen und schmelzen; du darfst kein Beobachter sein. Es gibt nichts, das gelöst werden muss!

Nimm das Leben nicht als Rechenaufgabe; es ist ein außerordentlich schönes Mysterium. Trinke davon – es ist reiner Wein! Werde daran zum Trunkenbold.

Aus: Die Gans ist raus

Es kommt ganz auf dich an …

Ist nicht das Leben am Ende doch nur Unglück?

ES KOMMT AUF DICH AN. DAS LEBEN AN SICH IST EINE LEERE LEINWAND; es wird, was immer du darauf malst. Du kannst Unglück malen, du kannst Glück malen.

Diese Freiheit ist deine Großartigkeit. Du kannst diese Freiheit so benutzen, dass dein ganzes Leben zu einer Hölle wird, oder auch so, dass dein Leben zu einer Sache von Schönheit, Segen, Glück wird, zu etwas Himmlischem. Es kommt ganz auf dich an; der Mensch hat volle Freiheit.

Darum gerade gibt es so viel Qual, denn die Menschen sind dumm und sie wissen nicht, was sie auf die Leinwand malen sollen. Es kommt auf dich an: Das ist das Großartige am Menschen. Das ist eines der größten Geschenke Gottes an dich. Keinem anderen Tier ist das Geschenk gemacht worden, frei zu sein; jedem Tier wird ein bereits festgelegtes Programm mitgegeben.

Alle Tiere sind vorprogrammiert, nur der Mensch nicht. Ein Hund bleibt zwangsläufig ein Hund, und zwar für immer; nichts anderes ist möglich, es gibt keine Freiheit. Er ist vorprogrammiert, alles ist eingebaut. Der Funktionsplan ist da, er wird ganz einfach diesem Plan folgen: Er wird ein Hund sein. Es gibt für ihn keine Wahl, er hat keine Alternative. Er ist ein absolut fixiertes Wesen. Abgesehen vom Menschen ist alles vorprogrammiert.

Die Rose muss eine Rose sein, der Lotus muss ein Lotus

sein, der Vogel wird Flügel haben, der Vierbeiner wird auf vier Beinen laufen. Der Mensch ist vollkommen frei. Das ist das Schöne am Menschen, das Großartige.

Das unermessliche Geschenk Gottes ist Freiheit. Ihr seid unprogrammiert geblieben, ihr bringt keinen Funktionsplan mit. Ihr müsst euch selbst erschaffen, ihr müsst Selbst-Schöpfer sein. Es kommt also ganz auf dich an. Du kannst ein Buddha werden, ein Bahaudin, oder du kannst ein Adolf Hitler werden, ein Benito Mussolini. Du kannst ein Mörder werden oder ein Meditierer. Du kannst dir gestatten, zu einer wunderschönen Blüte des Bewusstseins zu werden, oder du kannst zum Roboter werden. Aber denke daran, du bist verantwortlich – und nur du und niemand sonst.

Ein Optimist ist jemand, der morgens ans Fenster tritt und sagt: „Guten Morgen, Gott!"

Ein Pessimist ist jemand, der morgens ans Fenster tritt und sagt: „Guter Gott, schon wieder Morgen?"

Es kommt ganz auf dich an. Es ist derselbe Morgen, vielleicht dasselbe Fenster, vielleicht wohnen der Pessimist und der Optimist beide im selben Zimmer – aber es kommt auf dich an. Und was für ein Unterschied – ob du sagst „Guten Morgen, Gott" oder ob du sagst „Guter Gott, schon wieder Morgen"!

Ich habe ein altes Sufi-Gleichnis gehört:

> Zwei Schüler eines großen Meisters gingen im Garten des Meisters spazieren. Es war ihnen erlaubt, jeden Tag dort zu gehen, morgens und abends. Das Gehen war eine Art Meditation, eine Gehmeditation – genauso wie Zenleute Gehmeditation machen. Man kann nicht vierundzwanzig Stunden lang still sitzen – die Beine brauchen ein wenig

Bewegung, das Blut braucht ein wenig Zirkulation – deshalb meditiert man im Zen und im Sufismus ein paar Stunden lang sitzend und dann beginnt man, im Gehen zu meditieren. Aber die Meditation geht weiter: Ob gehend oder sitzend, der innere Fluss bleibt derselbe.
Beide waren sie Raucher. Beide wollten sie den Meister um Raucherlaubnis fragen. Also beschlossen beide: „Also morgen! Schlimmstenfalls kann er nein sagen – aber wir wollen ihn fragen. Und es scheint kein so frevelhafter Akt zu sein, im Garten zu rauchen; im Hause selbst werden wir nicht rauchen."
Am nächsten Tag trafen sie sich im Garten. Der eine wurde wütend – wütend, weil der andere rauchte – und sagte: „Was soll das heißen? Ich habe auch gefragt, aber er hat einfach glatt abgelehnt und nein gesagt. Und du rauchst? Hältst du dich nicht an seine Anordnungen?"
Der andere sagte: „Aber zu mir hat er ja gesagt."
Dies schien ausgesprochen ungerecht. Und der Erste sagte: „Ich werde gehen und augenblicklich nachfragen, warum er zu mir nein und zu dir ja gesagt hat."
Der andere sagte: „Warte einen Augenblick! Erzähle mir bitte, worum du gebeten hast."
Er sagte: „Worum ich gebeten habe? Ich habe ganz einfach gebeten: ‚Darf ich beim Meditieren rauchen?' Da hat er nein gesagt und ganz böse ausgesehen."
Der andere begann zu lachen; er sagte: „Jetzt weiß ich, was los ist. Ich habe gefragt: ‚Kann ich beim Rauchen meditieren?' Er hat ja gesagt."

Es kommt immer drauf an. Nur ein kleiner Unterschied, und schon ist das Leben etwas völlig anderes. Nun, es ist ein großer

Unterschied, zu fragen: „Kann ich beim Meditieren rauchen?“ Es ist einfach hässlich; aber zu fragen „Kann ich beim Rauchen meditieren?“, das ist vollkommen in Ordnung. Gut! Wenigstens meditierst du.

Das Leben ist weder Glück noch Unglück. Das Leben ist eine leere Leinwand, und man muss sehr kunstfertig damit umgehen.

Ein Landstreicher klopfte an die Tür des Gasthauses
„Zum Georg mit dem Drachen“.
„Haben Sie für einen armen Mann vielleicht einen Bissen
zu essen übrig?“, fragte er die Frau, die an die Tür
gekommen war.
Sie brüllte „Nein!“ und knallte die Tür zu.
Einige Minuten später klopfte der Landstreicher noch
einmal. Dieselbe Frau kam zur Tür.
„Könnte ich einen Bissen zu essen haben?“,
sagte der Landstreicher.
„Verschwinde, du Nichtsnutz!“, schrie die Frau.
„Und untersteh dich, zurückzukommen.“
Nach ein paar Minuten klopfte der Landstreicher erneut an.
„Pardon“, sagte er,
„aber könnte ich mal mit Georg sprechen?“

Das Leben ist das Gasthaus „Zum Georg mit dem Drachen“. Auch du kannst mal fragen, ob du mit Georg sprechen darfst.

Aus: The Secret

Es gibt keinen anderen Gott als das Leben

Wie lebt man ein Leben, das frei ist?

MEINE BOTSCHAFT IST SEHR EINFACH. LEBE DAS LEBEN SO GEFÄHRLICH wie möglich. Lebe das Leben total, intensiv, leidenschaftlich, denn außer dem Leben gibt es keinen anderen Gott.

Friedrich Nietzsche sagt, Gott ist tot. Das ist falsch, denn Gott hat es von vornherein nie gegeben. Wie kann er da tot sein? Das Leben ist, ist immer gewesen, wird immer sein. Erlaube – und ich wiederhole es nochmals – erlaube dem Leben, Besitz von dir zu ergreifen.

Die so genannten Religionen der Vergangenheit haben euch genau das Gegenteil erzählt. Sie sagen: „Entsagt!" Ich sage: „Freut euch!" Sie verneinen das Leben, ich bejahe es. Sie sagen, das Leben ist etwas Verkehrtes, Illusorisches. Und sie schaffen eine abstrakte Vorstellung von Gott, die nichts anderes ist als eine Projektion ihres eigenen Hirns. Und sie beten diese Projektion an. Es ist so unintelligent, so ausgesprochen dumm, dass man sich fragt, wie Millionen von Menschen an solch einen Unsinn glauben konnten. Das, was ist, wird um dessentwillen geleugnet, was eine bloße Abstraktion des Hirns ist. Gott ist nur ein Wort. Sie aber sagen, Gott ist real.

Das Leben ist die wirkliche Realität … Du fühlst es mit deinem Herzschlag, es pulsiert in deinem Blut, es ist überall: in den Blumen, in den Flüssen, in den Sternen. Und sie sagen, dies alles ist *Maya*, alles nur Illusion. Sie sagen, dass es aus demselben Stoff gemacht ist, aus dem die Träume sind. Und sie erfinden einen Gott – und natürlich erfindet jeder einen Gott nach seinem eigenen Ebenbilde. Also hat es Tausende von Göttern gegeben.

Sie sind eure Einbildung. Ihr könnt einen Gott mit vier Köpfen machen, ihr könnt einen Gott mit tausend Händen machen. Ihr habt es völlig in der Hand, ihr bestimmt die Spielregeln. Und was diese Leute alles erzählen … sie vergiften den Geist der anderen.

Ich sage dir, das Leben ist die einzige Wahrheit, die es gibt. Es gibt keinen anderen Gott als das Leben. Lass dich also ergreifen und besitzen: vom Leben in all seinen Formen, Farben, Dimensionen – vom ganzen Regenbogen, allen Tönen der Tonleiter. Wenn du dies Einfache schaffst – und es ist einfach, denn es ist nur eine Frage des Loslassens. Treibe den Fluss nicht an, lass dich vom Fluss zum Ozean tragen. Er ist bereits auf dem Weg dorthin. Entspanne dich nur, sei nicht verkrampft und versuche nicht, spirituell zu sein. Trenne nicht zwischen Geist und Materie.

Die Existenz ist unteilbar, Geist und Materie sind einfach zwei Seiten ein und derselben Medaille. Entspanne dich, beruhige dich und fließe mit dem Fluss. Sei ein Spieler, sei kein Geschäftsmann, und du wirst mehr über Gott erfahren; denn der Spieler kann riskieren. Der Spieler ist nicht berechnend, er kann, was er hat, aufs Spiel setzen. Denkt an die Spannung des Spielers, wenn er alles riskiert, und wartet … was wird jetzt passieren? Genau in diesem Augenblick kann sich ein Fenster öffnen. Genau dieser Augenblick kann zu einer Transformation der inneren Gestalt werden.

Sei ein Trunkenbold, betrunken vom Leben, vom Wein der Existenz. Bleibe nicht nüchtern. Der Nüchterne bleibt tot. Trinke den Wein des Lebens. Es hat so viel Poesie und so viel Liebe und so viel Kraft. Du kannst es jeden Augenblick Frühling werden lassen. Rufe einfach den Frühling herbei und lass die Sonne und den Wind und den Regen ein.

Es liegt an dieser Botschaft, dass alle spirituell Gesinnten gegen mich sind; denn sie glauben, dass ich Gott leugne. Ich leugne Gott nicht. Zum ersten Mal wird Gott durch mich in die rechte Perspektive gerückt: ich mache ihn lebendig, ich bringe ihn euch näher, näher als euer eigenes Herz. Denn er ist euer eigentliches Sein, nichts Losgelöstes, nichts weit Entferntes, nichts da droben im Himmel, sondern hier – jetzt. Ich versuche, die ganze Vorstellung von „Dort" und „Dann" auszumerzen.

Mein ganzes Weltbild besteht aus Hier und Jetzt, denn es gibt keinen anderen Ort als das Hier und keine andere Zeit als das Jetzt.

Aus: Guida Spirituale

Langeweile ist ein fantastischer Anfang

Ich habe entdeckt, dass ich mir einfach langweilig bin und keinen Lebenssaft spüre. Du hast uns geraten, uns so zu akzeptieren, wie wir sind. Ich kann das Leben nicht akzeptieren, wenn ich weiß, dass mir etwas wie innere Freude entgeht. Was tun?

WIE WIR HÖREN, GIBT ES EINE NEUE ART VON BERUHIGUNGSMITTEL, EINS, das nicht entspannt, sondern man fährt auf seine Verspanntheit erst richtig ab! Probier's aus! Probier's und probier's und probier's noch mal – sei Amerikaner! Aber nicht öfter als drei Mal. Probier's, probier's und probier's noch mal, und dann hör auf, denn man muss ja nicht albern sein!

Du fragst: *Ich habe entdeckt, dass ich mir einfach langweilig bin...*

Das ist eine fantastische Entdeckung. Ja, wirklich! Nur wenige Menschen sind sich ihrer Langeweile bewusst, und sie sind gelangweilt, total gelangweilt. Jeder weiß es, nur sie selbst wissen es nicht. Zu wissen, dass man gelangweilt ist, ist ein guter Anfang; jetzt kommt es darauf an, ein paar Dinge zu verstehen. Der Mensch ist das einzige Lebewesen, das Langeweile empfindet. Das ist ein außerordentliches Privileg, es gehört zur Würde des Menschen. Habt ihr je einen gelangweilten Büffel oder einen gelangweilten Esel gesehen? Sie langweilen sich nicht. Langeweile bedeutet, dass du das falsche Leben führst.

Deswegen kann diese Einsicht ein so großes Ereignis werden: „Ich langweile mich und es muss etwas passieren; eine Transformation ist nötig."

Denk also nicht, es sei schlimm, dass du gelangweilt bist – es ist ein gutes Zeichen, ein guter Anfang, ein sehr vielversprechender Anfang. Aber bleib nicht dabei stehen. Warum langweilt man sich? Man langweilt sich, weil man in den toten Verhaltensmustern lebt, die einem andere mitgegeben haben. Gib diese Muster auf, komm aus diesen Mustern heraus! Fang ein eigenständiges Leben an. Nur der authentische Mensch langweilt sich nicht, der Pseudomensch kann nicht anders als sich langweilen. Der Christ langweilt sich, der Jaina langweilt sich, der Parse langweilt sich, der Kommunist langweilt sich, weil sie alle ihr Leben zweiteilen. Ihr wirkliches Leben bleibt unterdrückt, und sie fangen an, ein unwirkliches Leben vorzutäuschen. Nur unwirkliches Leben schafft Langeweile. Wenn du deiner Bestimmung folgst, wirst du dich niemals langweilen.

Am Tag als ich mein Elternhaus verließ, um zu studieren, wollten meine Eltern, mein Vater, meine Familienangehörigen, dass ich Naturwissenschaftler werde – ein Naturwissenschaftler hatte viel größere Zukunftschancen! – oder zumindest Arzt oder Ingenieur. Ich weigerte mich. Ich sagte: „Ich werde das tun, was ich tun möchte, weil ich kein langweiliges Leben führen will. Als Naturwissenschaftler mag ich zwar Erfolg haben – mag ich Ansehen, Geld, Macht und Prestige bekommen – doch tief im Innern werde ich gelangweilt bleiben, weil es nicht das ist, was ich schon immer tun wollte." Sie waren schockiert, weil sie im Philosophiestudium keine Zukunft sahen; Philosophie ist das ärmste Fach an den Universitäten. Widerstrebend stimmten sie zu, wohl wissend, dass ich mir meine Zukunft verbauen würde. Später aber sahen sie, dass sie sich geirrt hatten. Es geht nicht um Geld, Macht und Prestige; es geht darum, was man im Innersten tun möchte. Tu es, ohne Rücksicht auf das Resultat, und deine Langeweile wird sich auflösen. Offenbar folgst du Ideen anderer; offenbar machst du alles richtig, machst du alles so, wie es sich gehört …

Genau das sind die Grundsteine der Langeweile. Die gesamte Menschheit langweilt sich; denn der, der Mystiker hätte werden sollen, ist Mathematiker; der, der Mathematiker hätte werden sollen, ist Politiker; der, der Dichter hätte werden sollen, ist Geschäftsmann. Jeder ist woanders. Niemand ist, wo er sein sollte. Man muss etwas riskieren. Die Langeweile kann in einem einzigen Moment vergehen, wenn du bereit bist, zu riskieren.

Du fragst mich: *Ich habe entdeckt, dass ich mir einfach langweilig bin …* Du bist dir langweilig, weil du nicht aufrichtig mit dir gewesen bist, weil du nicht ehrlich mit dir gewesen bist, weil du dein eigenes Sein nicht respektiert hast. Und du sagst: *Ich fühle keinen Lebenssaft.* Wie fühlt man den Lebenssaft? Der Lebenssaft strömt nur, wenn du das tust, was du tun möchtest, was auch immer es ist.

Vincent van Gogh war ungeheuer glücklich, wenn er nur malen konnte. Kein einziges Gemälde wurde verkauft, niemand fand ihn je gut; und er litt Hunger, er starb vor Hunger, denn sein Bruder gab ihm nur eine kleine Geldsumme, damit er wenigstens überleben konnte. Damit fastete er immer vier Tage in der Woche und aß an drei Tagen. Er musste die vier Tage fasten, denn woher sollte er sonst seine Leinwand, seine Farben und Pinsel nehmen? Er war ungeheuer glücklich – seine Lebensenergie strömte.

Er starb mit nur dreiunddreißig Jahren. Er beging Selbstmord; aber sein Selbstmord ist weit besser als euer so genanntes Leben, denn er beging erst Selbstmord, nachdem er genau das gemalt hatte, was er hatte malen wollen. An dem Tag, als er, wie es sein sehnlichster Wunsch gewesen war, das Bild eines

Sonnenuntergangs vollendete, schrieb er in einem Brief die Worte: „Mein Werk ist vollendet, ich habe mich erfüllt; unendlich zufrieden verlasse ich diese Welt."

Er beging Selbstmord, doch ich will es nicht Selbstmord nennen. Er lebte total, er ließ die Kerze seines Lebens mit ungeheurer Intensität an beiden Enden zugleich abbrennen. Du magst hundert Jahre lang leben, aber dein Leben wird nur knochentrocken sein, eine Last, eine tote Last.

Du sagst: *Du hast uns geraten, uns so zu akzeptieren, wie wir sind. Ich kann das Leben nicht akzeptieren – wenn ich weiß, dass mir etwas wie innere Freude entgeht.*

Wenn ich sage, akzeptiere dich, sage ich damit nicht, akzeptiere dein Lebensmuster – versuche nicht, mich misszuverstehen! Wenn ich sage, akzeptiere dich, sage ich damit, lehne alles andere ab – ‚akzeptiere dich.' Doch du musst es auf deine Art gedeutet haben. So geht es oft …

Ich habe nicht gesagt, was du verstanden hast. Lehne alles ab, was man dir aufgezwungen hat – ich sage nicht: akzeptiere es. Akzeptiere deinen innersten Kern, den du aus dem Jenseits mitgebracht hast, und dann wirst du nicht das Gefühl haben, dass dir etwas entgeht.

Im gleichen Moment, wo du dich bedingungslos akzeptierst, kommt es plötzlich zu einem Freudenausbruch. Deine Lebenenergie fängt zu strömen an und das Leben wird wirklich ekstatisch.

Die Freunde eines jungen Mannes meinten, er sei tot, doch er lag nur im Koma. Just in dem Moment, als er beerdigt werden sollte, gab er Lebenszeichen von sich, und sie fragten ihn, wie es ist, wenn man tot ist.

„Tot?", rief er. „Ich war nicht tot. Ich wusste die ganze Zeit, was los war. Und ich wusste auch, dass ich nicht tot war, weil ich kalte Füße und Hunger hatte."

„Aber wieso hat dir dieser Umstand gesagt, dass du noch am Leben warst?", fragte einer der Neugierigen.

„Tja, mir war klar, dass ich im Himmel keinen Hunger mehr hätte und an dem anderen Ort keine kalten Füße."

Du kannst sicher sein, dass du noch nicht tot bist: du hast Hunger, deine Füße sind kalt. Steh einfach auf und jogge ein bisschen!

Ein mittelloser Mann ohne Bildung und gesellschaftlichen Schliff verliebte sich in eine Millionärstochter. Sie lud ihn ein, ihre Eltern auf ihrem Landsitz kennen zu lernen. Der Mann war durch die luxuriöse Einrichtung, die Dienerschaft und all die anderen Attribute des Wohlstands eingeschüchtert, schaffte es aber trotzdem, entspannt zu wirken – bis es zum Abendessen kam.

Am pompösen Esstisch, angeheitert durch den Wein, furzte er laut. Der Vater des Mädchens schaute auf, sah auf seinen Hund, der zu Füßen des bemitleidenswerten jungen Mannes lag, und sagte drohend: „Rover!"

Der junge Mann war erleichtert, dass dem Hund die Schuld zugeschoben wurde, und so furzte er wenige Minuten später erneut. Sein Gastgeber sah den Hund an und sagte wieder, diesmal mit noch lauterer Stimme: „Rover!"

Wenige Minuten später furzte er zum dritten Mal.

Das Gesicht des reichen Mannes verzerrte sich vor Wut und er donnerte: „Rover, mach dass du da wegkommst, bevor er dich von oben bis unten vollscheißt!"

Noch ist es Zeit – mach, dass du wegkommst aus dem Gefängnis, in dem du bis jetzt gelebt hast! Es gehört nur etwas Mut dazu, der Mut des Spielers. Und vergiss nicht: Es gibt nichts zu verlieren. Du kannst nur deine Fesseln verlieren – du kannst deine Langeweile verlieren, du kannst das ständig in dir nagende Gefühl verlieren, dass dir etwas entgeht. Was gibt es noch zu verlieren? Komm weg von dem alten Gleis und akzeptiere dein eigenes Wesen – egal was Moses, Jesus, Buddha, Mahavira, Krishna sagen. Akzeptiere dich.

Du bist keinem Buddha oder Zarathustra oder Kabir oder Nanak verantwortlich; du bist nur dir selbst verantwortlich. Sei verantwortlich – und wenn ich das Wort „verantwortlich" gebrauche, denke bitte daran, es nicht falsch zu deuten. Ich spreche nicht von Pflichten und Verantwortlichkeiten, ich benutze das Wort nur in seiner wörtlichen Bedeutung: Antworte auf die Wirklichkeit, sei verantwortlich. Du musst ein verantwortungsloses Leben geführt haben, allen möglichen Pflichten nachkommend – weil die andern es so von dir erwarten.

Was gibt es zu verlieren? Du langweilst dich – ein guter Ausgangspunkt. Dir fehlt der Lebenssaft – was fehlt dir sonst noch, um aus dem Gefängnis auszubrechen? Spring heraus, schau dich nicht um! Man sagt: Überleg, bevor du springst. Ich sage: Spring erst, danach kannst du so viel überlegen, wie du willst.

Aus: Die Gans ist raus

„Zorba the Buddha“

Manchmal schwebt mir vor, eine Art Alexis-Sorbas-Existenz zu führen - essen, trinken und fröhlich sein - voller Lust und Leidenschaft, und dann meine ich, da geht's lang. Zu anderen Zeiten meine ich, dich sagen zu hören: still dasitzen, wachsam und reglos wie ein Mönch - da geht's lang. Können wir sowohl Sorbas sein, bewegt durch Leidenschaft und Verlangen, als auch Buddha, leidenschaftslos, ruhig und gelassen?

DAS IST DIE HÖCHSTE SYNTHESE – WENN SORBAS ZU BUDDHA WIRD. Ich versuche hier nicht, Sorbas den Griechen, sondern Sorbas den Buddha zu schaffen. Sorbas ist wunderschön, aber etwas fehlt. Ihm gehört die Erde, aber der Himmel fehlt. Er ist erdverbunden, verwurzelt wie eine riesige Zeder, aber er hat keine Flügel. Er kann nicht in den Himmel fliegen. Er hat Wurzeln, aber keine Flügel. Essen und trinken und fröhlich sein ist an sich ausgezeichnet; es ist nichts falsch daran. Aber es reicht nicht aus. Bald wirst du genug davon haben. Man kann nicht immerzu essen, trinken und fröhlich sein. Bald verwandelt sich das lustige Karussell in eine traurige Tretmühle, weil es ewig das Gleiche sein wird. Nur ein sehr mittelmäßiger Geist kann damit glücklich bleiben. Mit etwas Intelligenz wirst du früher oder später feststellen, wie absolut sinnlos das Ganze ist. Wie viel länger kannst du essen, trinken und fröhlich sein? Früher oder später muss man sich die Frage stellen: Was soll das alles? Wozu? Es ist unmöglich, dieser Frage lange auszuweichen. Und wenn du sehr intelligent bist, ist sie immer da, beharrlich da, auf dein Herz einhämmernd, um Antwort zu bekommen: Gib mir die Antwort – warum?

Und eines darf nicht vergessen werden: Es sind nicht die armen, hungernden Menschen, die das Leben irgendwann satt haben – nein. Sie können es nicht satt haben. Sie haben noch nicht gelebt – wie können sie es satt haben? Sie haben Hoffnungen. Ein armer Mensch hat immer Hoffnungen: Ein armer Mensch wünscht sich immer, dass etwas passieren möge, hofft, dass bald etwas passiert. Wenn nicht heute, dann morgen oder übermorgen. Wenn nicht in diesem Leben, dann im nächsten Leben.

Was meint ihr, wer diese Leute sind, die den Himmel als Playboy-Club beschrieben haben – wer sind diese Leute? Hungrige, Arme, die es versäumt haben, zu leben. Sie projizieren ihre Wünsche auf den Himmel. Im Himmel gibt es Flüsse voller Wein. Wer sind diese Leute, die sich Flüsse voller Wein ausdenken? Sie müssen ihn hier entbehrt haben. Und dort gibt es wunscherfüllende Bäume! Du setzt dich darunter, wünschst dir etwas, und kaum hast du dir etwas gewünscht, ist es auch schon erfüllt. Es vergeht überhaupt keine Zeit zwischen dem Wunsch und seiner Erfüllung, da ist kein Schatten dazwischen. Es passiert sofort, augenblicklich. Wer sind diese Leute? Ausgehungerte, die nicht imstande waren, ihr Leben zu leben.

Wie können sie das Leben satt haben? Sie haben nichts erlebt – nur durch Erfahrung macht man Bekanntschaft mit der absoluten Sinnlosigkeit des Ganzen. Nur Menschen wie Sorbas machen mit der absoluten Sinnlosigkeit des Ganzen Bekanntschaft. Buddha selbst war ein Sorbas. Alle schönen Frauen in seinem Lande standen ihm zur Verfügung. Sein Vater hatte veranlasst, dass er von den schönsten Mädchen umgeben war. Er besaß die herrlichsten Paläste – verschiedene Paläste für verschiedene Jahreszeiten. Er besaß allen Luxus, den es nur gibt oder der damals möglich war. Er lebte das Leben eines Alexis Sorbas – daher hatte er es mit nur neunundzwanzig Jahren absolut satt. Er war ein sehr kluger Mann. Wäre er ein mittelmäßiger Mann gewesen, hätte er dieses Leben weitergelebt. Aber bald sah er ein: Es wiederholt sich, es ist das Gleiche. Jeden Tag isst du, jeden Tag schläfst du mit einer Frau ... und er konnte jeden Tag andere Frauen lieben. Aber wie lange ... ? Bald hatte er es satt. Die Erfahrung dieses Lebens ist sehr bitter. Sie ist nur süß in der Phantasie. In ihrer Wirklichkeit ist sie sehr bitter. Er entfloh dem Palast, den Frauen, den Reichtümern und dem Luxus und allem ...

Ich bin also nicht gegen Alexis Sorbas; denn Sorbas der Grieche ist überhaupt erst die Grundlage für Sorbas den Buddha – „Zorba-the-Buddha“. Der Buddha ist das Ergebnis dieser Erfahrung. Ich weiß, dass das Jenseits nur durch das Diesseits erfahren werden kann. Ich sage euch also nicht, entflieht ihm, ich sage euch keineswegs, werdet Mönch. Ein Mönch ist jemand, der gegen den Sorbas angegangen ist; er ist ein Eskapist, ein Feigling. Er hat voreilig gehandelt – aus Unintelligenz. Er ist kein reifer Mensch. Ein Mönch ist unreif, gierig – gierig auf das Jenseits, und will es zu früh; es ist noch nicht Zeit, und er ist noch nicht reif. Lebt im Diesseits, weil das Diesseits Heranreifen, Lebenserfahrung und Integrität schenkt. Die Herausforderungen dieser Welt verleihen dir einen inneren Ruhepunkt, eine bestimmte Bewusstheit. Und diese Bewusstheit wird zur Leiter. Auf ihr kannst du vom Sorbas zum Buddha aufsteigen. Aber lasst mich nochmals wiederholen: Nur Sorbas kann ein Buddha werden – und Buddha war nie ein Mönch. Ein Mönch ist jemand, der nie ein Sorbas war, der sich von den

Worten der Buddhas verzaubern ließ. Ein Mönch ist ein Nachahmer, er ist falsch, pseudo. Er imitiert Buddhas. Er mag ein Christ sein, er mag Buddhist sein, er mag Jaina sein – das macht keinen großen Unterschied – aber er imitiert Buddhas.

Sehnt euch nicht nach dem Jenseits. Lebt das Diesseits und lebt es mit Intensität, mit Leidenschaft. Lebt es mit Totalität, mit ganzem Herzen. Und aus solch einem totalen Vertrauen, aus solch einem Leben voller Leidenschaft, Liebe und Freude heraus wirst du fähig werden zu transzendieren. Die andere Welt liegt in dieser Welt verborgen. Der Buddha schlummert im Sorbas. Er muss geweckt werden. Und niemand kann dich aufwecken, außer das Leben selbst. Ich bin hier, um dir zu helfen, total zu sein, wo immer du bist. Egal, in welchem Zustand du bist – lebe diesen Zustand rückhaltlos. Nur indem man eine Sache rückhaltlos auslebt, kann man sie transzendieren.

Werde zuerst ein Sorbas, eine Blume dieser Erde, und erwerbe dadurch die Fähigkeit, zum Buddha zu werden – zur Blume der anderen Welt. Die andere Welt ist dieser Welt nicht fern; die andere Welt ist nicht gegen diese Welt: Die andere Welt liegt in dieser Welt verborgen. Diese ist nur eine Manifestation der anderen, und die andere ist der unmanifeste Teil von dieser.

Aus: The Perfect Master

Traurigsein hat seine eigene Schönheit

Kann man sein Traurigsein feiern?

IDENTIFIZIERE DICH NICHT MIT DEINEM TRAURIGSEIN. WERDE EIN Zeuge und genieße den Augenblick des Traurigseins, denn das Traurigsein hat eine eigene Schönheit.

Du hast es dir nie angeschaut. Du bist so sehr damit identifiziert, dass du nie zu den Schönheiten eines traurigen Augenblicks vordringst. Wenn du wachsam bist, wirst du überrascht sein, welche Schätze dir entgangen sind. Sieh hin – wenn du fröhlich bist, geht das nie so tief, wie wenn du traurig bist.

Traurigkeit hat Tiefe, Fröhlichkeit hat etwas Oberflächliches. Die so genannten fröhlichen Leute, die Playboys and Playgirls – du kannst sie in Clubs, in Hotels finden, in Theatern – sie lächeln immer nur und sprudeln vor lauter Glück. Du wirst sie immer flach, oberflächlich finden. Sie haben keine Tiefe. Fröhlichkeit ist wie Wellen an der Oberfläche, man lebt ein flaches Leben. Aber Traurigkeit hat Tiefe in sich. Wenn du traurig bist, ist es nicht wie oberflächliche Wellen, sondern so tief wie der Pazifische Ozean selbst: ganze Meilen tief. Geh in die Tiefe, beobachte es. Fröhlichkeit ist laut, Traurigkeit bringt Stille. Fröhlichkeit gleicht vielleicht dem Tag, Traurigkeit ist wie die Nacht. Licht kommt und geht, Dunkelheit bleibt. Sie ist ewig. Das Licht kommt ab und zu; die Dunkelheit ist immer da.

Wenn du in die Traurigkeit hineingehst, werden alle diese Dinge spürbar. Plötzlich wird dir bewusst, dass die Traurigkeit da ist wie ein Objekt und du der Beobachter und der Zeuge bist, und plötzlich beginnst du, dich glücklich zu fühlen. So eine schöne Traurigkeit! Eine Blume der Dunkelheit, eine Blume der ewigen Tiefe. Wie ein bodenloser Abgrund, so still, so fein gestimmt – unhörbar, so ohne Geräusch, ohne Störung. Man kann sich endlos in sie hineinfallen lassen – und man kann absolut verjüngt wieder aus ihr auftauchen. Es ist eine Ruhepause.

Es kommt auf die Einstellung an. Wenn du traurig wirst, denkst du, dass dir etwas Schlimmes passiert ist. Es ist reine Interpretation, dass dir etwas Schlimmes passiert ist, und dann versuchst du, dem auszuweichen. Du meditierst nie darüber. Dann möchtest du zu irgendjemandem hingehen, auf eine Party, in einen Club – oder du schaltest den Fernseher ein oder das Radio, oder du fängst an Zeitung zu lesen – irgendwas, nur um zu vergessen. Das ist eine falsche Einstellung, die man dir mitgegeben hat: dass Traurigkeit nicht in Ordnung ist. Nichts ist verkehrt daran.

Es gibt viele Polaritäten im Leben. Fröhlichkeit ist ein Pol, Traurigkeit ein anderer. Glück ist ein Pol, Unglück ein anderer. Das Leben besteht aus beiden.

Ein Leben, in dem es nur Glück gibt, wird nur eine Ausdehnung in die Breite haben, aber keine Tiefe. Ein Leben, in dem es nur Traurigkeit gibt, wird Tiefe haben, aber keine Ausdehnung. Ein Leben sowohl voller Traurigkeit als auch höchsten Glücks ist multidimensional, geht in alle Dimensionen zugleich.

Sieh dir die Statue Buddhas an oder schau manchmal in meine Augen, und du wirst beides zugleich finden: Seligkeit, Frieden und auch Traurigkeit. Du wirst eine Seligkeit finden, in der auch Traurigkeit enthalten ist, denn diese Traurigkeit gibt ihr Tiefe. Sieh dir Buddhas Statue an – selig, und doch auch traurig. Nur das Wort „traurig“ vermittelt den falschen Eindruck: dass etwas nicht stimme. Das ist eure Interpretation.

Für mich ist das Leben in seiner Ganzheit gut. Und nur, wenn du das Leben in seiner Ganzheit verstehst, kannst du feiern; sonst nicht. Feiern bedeutet: ganz gleich was passiert – ich werde feiern. Das Feiern ist nicht von bestimmten Dingen abhängig: „Erst wenn ich glücklich bin, dann werde ich feiern“; oder: „Wenn ich unglücklich bin, dann werde ich nicht feiern.“ Feiern ist bedingungslos: „Ich feiere das Leben. Bringt es Unglück – gut, ich feiere es. Bringt es Glück – gut, ich feiere es. Feiern ist meine Einstellung, ganz gleich, was das Leben bringt.“

Aber das Problem ist, dass jedes Mal, wenn ich bestimmte Wörter gebrauche, diese Wörter in eurem Denken bestimmte Assoziationen haben. Wenn ich sage „feiert“, denkt ihr, man hat glücklich zu sein. Wie kann man feiern, wenn man traurig ist? Dabei sage ich gar nicht, dass man glücklich sein muss, um zu feiern. Feiern ist ein Dankesagen für alles, was das Leben einem gibt, was Gott einem gibt. Feiern ist ein Ausdruck der Dankbarkeit, es ist ein Dankesagen.

Ich habe es euch schon oft erzählt und erzähle euch noch einmal … Ein Sufi-Mystiker, sehr arm, hungrig, ein Außenseiter, kam müde von der Reise eines Nachts in ein Dorf. Aber das Dorf wollte ihn nicht aufnehmen. Das Dorf gehörte den orthodoxen Leuten, und orthodoxe Muslime sind sehr dickköpfige Leute. Sie wollten ihm im Ort kein Dach über dem Kopf gewähren. Die Nacht war kalt, und er war hungrig und müde und zitterte in seinen dünnen Kleidern. Er saß außerhalb des Ortes unter einem Baum.

> Seine Schüler saßen um ihn herum, traurig, niedergeschlagen, sogar wütend. Und dann fing er an zu beten und er sagte zu Gott: „Du bist wunderbar! Du gibst mir immer alles, was ich brauche."
> Das war zu viel. Ein Schüler sagte: „Also, das geht jetzt wirklich zu weit, besonders heute Nacht. Was du sagst, stimmt nicht. Wir haben Hunger. Wir sind müde, wir haben nichts anzuziehen, und die Nacht wird kalt werden. Überall sind wilde Tiere, und die Stadt hat uns abgewiesen, wir haben kein Dach über dem Kopf. Wofür dankst du Gott? Was meinst du, wenn du sagst: ‚Du gibst mir alles, was ich brauche?'"
> Der Mystiker sagte: „Ja, ich wiederhole es noch einmal: Gott gibt mir alles, was ich brauche. Heute Nacht brauche ich Armut, heute Nacht brauche ich es, abgewiesen zu werden, heute Nacht brauche ich es, Hunger zu haben und in Gefahr zu sein. Aus was für einem Grund sollte er es mir sonst geben? Es muss notwendig sein. Es soll so sein und ich muss dankbar sein. Er sorgt so schön für meine Bedürfnisse. Er ist wirklich wunderbar!"

Das ist eine Einstellung, die sich keine Gedanken um die Situation macht. Die Situation spielt keine Rolle.

Feiere, was es auch sei. Wenn du traurig bist, dann feiere, dass du traurig bist. Versuch es. Probier es aus und du wirst überrascht sein – es tritt tatsächlich ein. Bist du traurig? Fang an, darüber zu tanzen, dass die Traurigkeit schön ist, eine so stille Blume des Seins. Tanze, freu dich, und plötzlich wirst du merken, dass die Traurigkeit verschwindet, dass ein Abstand entsteht. Nach und nach wirst du die Traurigkeit vergessen und du wirst feiern. Du hast die Energie umgewandelt. Genau das ist Alchemie: das niedere Metall in höheres Gold zu verwandeln. Traurigkeit, Wut, Eifersucht – niedere Metalle können in Gold umgewandelt werden, denn sie setzen sich aus denselben Elementen zusammen wie Gold.

Es besteht kein Unterschied zwischen Gold und Eisen, denn sie setzen sich aus den gleichen Teilen, den gleichen Elektronen zusammen. Habt ihr je darüber nachgedacht, dass ein Stück Kohle und der größte Diamant der Welt genau dasselbe sind? Sie unterscheiden sich überhaupt nicht. Vielmehr wird Kohle, Millionen Jahre unter der Erde gepresst, zu Diamant. Nur der Druck ist anders. Aber beide sind sie Kohlenstoff, beide bestehen sie aus denselben Elementen …

Das Niedere kann in das Höhere verwandelt werden. Nichts fehlt dem Niederen. Nur eine Neuanordnung, eine Neugestaltung ist nötig. Das ist das ganze Geheimnis der Alchemie.

Wenn du traurig bist, feiere, und damit gibst du der Traurigkeit eine neue Gestalt. Du tust etwas zur Traurigkeit hinzu, das sie umwandeln wird. Du tust das Feiern dazu. Du bist wütend? Fang an zu tanzen! Anfangs wird der Tanz wütend sein. Du wirst anfangen zu tanzen, und der Tanz wird wütend, aggressiv und gewaltsam sein. Nach und nach wird er sanfter und sanfter und sanfter werden, und auf einmal hast du alle Wut vergessen. Die Energie hat sich in Tanzen verwandelt.

Aber wenn du wütend bist, kannst du nicht ans Tanzen denken. Wenn du traurig bist, kannst du nicht ans Singen denken. Warum nicht aus der Traurigkeit ein Lied machen! Singe! Spiel auf deiner Flöte! Am Anfang werden die Töne traurig sein, aber es ist nichts Schlimmes an einem traurigen Ton.

Habt ihr's noch nie gehört? Manchmal, am Nachmittag, wenn alles heiß ist, glühend heiß wie Feuer, und plötzlich hört ihr im Mango-Hain den Kuckuck rufen. Am Anfang ist der

Ton traurig. Sie ruft ihren Liebsten, ihren Geliebten, an einem heißen Nachmittag. Alles glüht vor Hitze, und sie sehnt sich nach Liebe. Ein sehr trauriger Ton, aber schön. Nach und nach verwandelt sich der traurige Ton in einen fröhlichen Ton: Der Liebste ruft aus einem anderen Hain zurück. Jetzt ist es kein heißer Nachmittag mehr: Das Herz findet Kühle. Jetzt ist der Ton ein anderer geworden. Wenn der Liebste antwortet, hat sich alles gewandelt. Es ist eine alchemische Verwandlung.

Bist du traurig? – Fang an zu singen, zu beten, zu tanzen. Was immer du tun kannst, das tu. Und langsam, ganz langsam verwandelt sich das niedere Metall in das höhere Metall – Gold. Wenn du einmal den Schlüssel gefunden hast, wird dein Leben nie wieder das Gleiche sein. Du kannst jede Tür damit aufschließen. Und das ist der goldene Schlüssel: alles zu feiern.

Ich habe von drei chinesischen Mystikern gehört …
Niemand kennt ihre Namen. Sie waren nur als „Die drei lachenden Heiligen“ bekannt, denn sie taten nichts anderes, sie lachten einfach nur. Sie zogen von einer Stadt zur anderen und lachten. Sie stellten sich mitten auf den Marktplatz und lachten aus vollem Halse. Der ganze Marktplatz strömte zusammen. Alle Leute kamen herbei, die Buden wurden geschlossen und die Kunden vergaßen, warum sie gekommen waren. Diese drei waren wirklich ein herrlicher Anblick! Sie lachten, dass ihnen die Bäuche wackelten. Und dann wurde es ansteckend, und einer nach dem anderen fing an zu lachen, bis der ganze Marktplatz lachte.
Die Atmosphäre des Marktes war wie verändert. Und immer, wenn jemand meinte: „Sagt doch mal was zu uns!“, antworteten sie: „Wir haben nichts zu sagen. Wir lachen ganz einfach und verändern die Atmosphäre.“

Wo nur wenige Augenblicke zuvor noch ein hässlicher Ort gewesen war, wo die Leute nur ans Geld dachten, mehr Geld haben wollten, gierig waren, und wo alles nur ums Geld ging, da tauchten plötzlich diese drei Verrückten auf und lachten und verwandelten den ganzen Marktplatz. Nun dachte niemand mehr ans Geschäft. Nun hatten sie ganz vergessen, dass sie gekommen waren zu kaufen und zu verkaufen. Die Habgier war wie weggeblasen. Alles lachte und tanzte um diese drei Verrückten herum. Für ein paar Sekunden tat sich eine neue Welt auf.

Sie zogen durch ganz China, von Ort zu Ort, von Dorf zu Dorf, nur um den Menschen zum Lachen zu verhelfen. Traurige Menschen, wütende Menschen, gierige Menschen, eifersüchtige Menschen – alle fielen sie in ihr Lachen ein. Und viele ahnten den Schlüssel: „Du kannst dich ändern!"

Dann geschah es in einem Dorf, dass einer der drei starb. Das Dorf lief zusammen und sie sagten: „Jetzt wird es Probleme geben. Jetzt wollen wir mal sehen, wie sie lachen. Ihr Freund ist gestorben; jetzt müssen sie weinen."

Aber als sie hinkamen, tanzten die beiden und lachten und feierten den Tod. Die Dorfleute sagten: „Das ist doch die Höhe. Das sind doch keine Manieren. Wenn jemand gestorben ist, ist es gottlos, einfach zu lachen und zu tanzen."

Sie sagten: „Ihr wisst nicht, was passiert ist. Wir haben immer gewettet, wer von uns dreien wohl als Erster sterben wird. Dieser Mann hat gewonnen, wir sind geschlagen. Das ganze Leben haben wir mit ihm zusammen gelacht. Wie können wir ihm anders das letzte Geleit geben als so? Wir müssen lachen, wir müssen uns freuen, wir müssen feiern. Das ist das einzige Lebewohl, das zu einem Mann passt, der sein ganzes Leben gelacht hat. Und wenn wir nicht lachen, dann wird er uns auslachen und er wird denken: ‚Ihr Dummköpfe! Seid ihr also doch wieder in die Falle gegangen?' Wir sehen nicht, dass er tot ist. Wie kann Lachen sterben? Wie kann Leben sterben?"

Lachen ist ewig, Leben ist ewig, das Fest geht weiter. Die Schauspieler wechseln, aber das Schauspiel geht weiter. Die Wellen wechseln, aber der Ozean besteht weiter. Du lachst, du hörst auf, jemand anders fängt an zu lachen, aber das Lachen geht weiter. Du feierst, dann feiert jemand anders, aber das Feiern geht weiter. Die Existenz geht weiter – sie ist ein Kontinuum. Es gibt keine Lücke, keinen einzigen Augenblick lang. Aber die Dörfler konnten das nicht begreifen und dieses Mal nicht in das Lachen einstimmen.

Dann war es so weit, der Leichnam musste verbrannt werden, und die Dorfleute sagten: „Wir wollen ihn waschen, so wie es die Riten vorschreiben."
Aber die zwei Freunde sagten: „Nein, unser Freund hat gesagt: ‚Lasst die Riten bleiben, zieht mir keine neuen Kleider an und wascht mich nicht. Legt mich einfach so, wie ich bin, auf den Scheiterhaufen.' Also müssen wir tun, was er gesagt hat."
Und dann gab es plötzlich eine Riesenüberraschung: Als der Leichnam auf dem brennenden Scheiterhaufen lag, da spielte der tote Mönch seinen letzten Streich. In seinen Kleidern hatte er lauter Knallkörper versteckt, und plötzlich fand ein Silvester-Feuerwerk statt. Da fing das ganze Dorf zu lachen an. Die zwei verrückten Freunde tanzten,

und bald tanzte das ganze Dorf mit. Es war kein Tod, sondern ein neues Leben.

Kein Tod ist Tod, denn jeder Tod öffnet eine neue Tür – er ist ein Anfang. Das Leben hat kein Ende, es gibt immer einen neuen Anfang, eine Auferstehung. Wenn du deine Traurigkeit in Feiern verwandelst, dann wirst du auch fähig sein, deinen Tod in eine Auferstehung zu verwandeln. Erlerne also die Kunst, solange noch Zeit ist. Lass den Tod nicht eher kommen, als bis du die geheime Alchemie beherrschst, wie man niedere in höhere Metalle verwandelt. Denn wenn du Traurigkeit transformieren kannst, dann kannst du auch den Tod transformieren.

Wenn du bedingungslos feiern kannst, wirst du auch lachen können, wenn der Tod kommt, wirst du fröhlich fortgehen. Und wenn du feiernd gehen kannst, dann kann der Tod dich nicht töten. Ganz im Gegenteil: *Du* hast den Tod getötet. Aber fang an, probiere es aus. Du hast nichts zu verlieren. Aber die Menschen sind so dumm, dass sie es nicht einmal dann ausprobieren, wenn sie nichts zu verlieren haben. Was gibt es schon zu verlieren?

Aus: Das Yoga Buch, Bd. 2

Das Leben muss ein Suchen sein

Erkläre uns bitte die Kunst zu leben.

DER MENSCH IST DAZU GEBOREN, DAS LEBEN ZU ERFÜLLEN, ABER ES kommt ganz auf ihn an. Er kann es auch verfehlen. Er kann immer weiter atmen, er kann immer weiter essen, er kann immer älter werden, er kann immer mehr auf das Grab zugehen – aber das ist kein Leben, sondern ein langsamer Tod, von der Wiege bis zum Grab, ein siebzig Jahre währender langsamer Tod.

Und weil du von Millionen umgeben bist, die alle diesen allmählichen Tod sterben, fängst du an, es genauso zu machen. Kinder imitieren immer die, die sie umgeben, und wir sind von Toten umgeben. Also müssen wir erst verstehen, was ich mit „Leben" meine. Es darf nicht nur ein Älterwerden sein. Es muss ein Reiferwerden sein. Und das sind zwei sehr verschiedene Dinge. Alt werden, das kann jedes Tier. Reif werden, das ist dem Menschen vorbehalten.

Nur Wenige nehmen dieses Recht in Anspruch. Heranreifen, das bedeutet, jeden Augenblick tiefer in das Prinzip des Lebens einzudringen, bedeutet, sich immer weiter vom Tod zu entfernen, nicht auf den Tod zuzugehen.

Je tiefer du ins Leben eintauchst, desto mehr verstehst du die Unsterblichkeit in dir. Du entfernst dich immer weiter vom Tod; und es kommt ein Augenblick, da du sehen kannst, dass der Tod nichts anderes ist als ein Wechseln der Kleidung oder ein Wechseln der Wohnung, ein Wechseln der Form – nichts stirbt, nichts *kann* sterben. Der Tod ist die größte Illusion, die es gibt.

Was Heranwachsen heißt, siehst du an einem Baum. Je mehr der Baum in die Höhe wächst, desto tiefer wachsen seine Wurzeln nach unten. Da gibt es ein Gleichgewicht: Je höher der Baum reicht, desto tiefer gehen seine Wurzeln. Es gibt keinen fünfzig Meter hohen Baum mit kurzen Wurzeln. Sie könnten einen so riesigen Baum nicht halten. Im Leben heranreifen bedeutet tief in dein Innerstes hineinwachsen – dort nämlich sind deine Wurzeln.

Für mich ist das oberste Prinzip im Leben Meditation. Alles andere ist zweitrangig. Und die Kindheit ist die günstigste Zeit. Je älter du wirst, desto näher kommst du dem Tod und desto schwieriger wird es, in Meditation zu gehen.

„In Meditation" heißt, in deine Unsterblichkeit, in deine Ewigkeit, in deine Göttlichkeit gehen. Und das Kind ist dazu am besten geeignet, denn es ist noch nicht mit Wissen beladen; noch nicht mit Religion belastet, noch nicht mit Erziehung belastet, noch nicht mit allem möglichen Müll belastet. Es ist unschuldig. Aber unglückseligerweise wird seine Unschuld als Unwissenheit verdammt. Unschuld und Unwissenheit sind sich ähnlich, sind aber nicht dasselbe. Auch Unwissenheit ist ein Zustand des Nichtwissens, genau wie Unschuld. Aber da ist auch ein großer Unterschied, der bis heute von der ganzen Menschheit übersehen wurde. Unschuld ist nicht gebildet, aber sie hat auch nicht den Wunsch, gebildet und klug zu sein. Sie ist völlig zufrieden, wunschlos.

Ein kleines Kind hat keinen Ehrgeiz, es hat keine Wünsche, geht völlig im Augenblick auf – ein Vogel im Flug bannt seine Augen total. Ein bloßer Schmetterling in seinen schillernden Farben – und schon ist es verzaubert. Der Regenbogen am

Himmel, und es kann sich nicht vorstellen, dass es irgendetwas Wichtigeres, etwas Reicheres geben könnte als diesen Regenbogen. Und die Nacht voller Sterne, Sterne über Sterne …

Unschuld ist reich, sie ist voll, sie ist rein.

Unwissenheit ist arm, sie ist wie ein Bettler – sie will dies, sie will das, sie will gebildet sein, sie will anerkannt sein, sie will reich sein, sie will mächtig sein.

Unwissenheit geht den Weg der Begierde.

Unschuld ist ein Zustand der Wunschlosigkeit.

Aber da alle beide unwissend sind, werfen wir bis heute das Wesen beider durcheinander. Wir nehmen nach wie vor als gegeben hin, dass alle beide dasselbe sind.

Der erste Schritt in der Kunst zu leben wird sein, eine Trennlinie zu ziehen zwischen Unwissenheit und Unschuld. Unschuld muss unterstützt werden – denn das Kind hat den größten Schatz mit sich gebracht, jenen Schatz, den die Weisen erst nach schwerster Mühsal finden. Weise haben von sich gesagt, wieder Kind geworden zu sein, durch eine zweite Geburt gegangen zu sein.

In Indien hat sich der wirkliche Brahmane, der wirklich Wissende, als *dwij* bezeichnet, der „zum zweiten Mal Geborene". Warum eine zweite Geburt? Was ist aus der ersten Geburt geworden? Wozu braucht er die zweite Geburt? Und was erwirbt er mit der zweiten Geburt? Durch die zweite Geburt erwirbt er das, was ihm schon bei der ersten Geburt offen stand … nur dass die Gesellschaft, die Eltern und die Menschen um ihn herum es abgewürgt, zunichte gemacht haben.

Jedes Kind wird mit Wissen vollgestopft. Seine Einfachheit muss irgendwie beseitigt werden, weil ihm Einfachheit in einer Welt voller Konkurrenz nicht helfen wird. Seine Einfachheit wird in dieser Welt den Eindruck machen, als wäre es ein Einfaltspinsel; seine Unschuld wird auf jede erdenkliche Weise ausgenützt werden. Die Angst vor der Gesellschaft, die Angst vor der Welt hat uns geprägt; wir möchten jedes Kind klug, schlau und gebildet sehen – damit es zum Lager der Mächtigen, nicht zum Lager der Unterdrückten und Machtlosen gehöre. Und wenn das Kind erst einmal anfängt, in die falsche Richtung zu wachsen, dann folgt es immer mehr dieser Richtung – sein ganzes Leben geht in diese Richtung.

Sobald ihr begriffen habt, dass ihr euer Leben verfehlt habt, müsst ihr als Erstes die Unschuld – das fundamentale Prinzip – wiedergewinnen. Werft euer Wissen weg, vergesst eure heiligen Schriften, eure Religionen, eure Theologien, eure Philosophien. Werdet wiedergeboren, werdet unschuldig – und ihr habt es selbst in der Hand. Macht euren Geist frei von allem, was ihr nicht selbst erfahren habt, von allem, was geborgt ist, von allem, was euch die Tradition, die Sitte und alle anderen mitgegeben haben – die Eltern, Lehrer, Universitäten. Stoßt es ganz einfach ab.

Seid wieder einfach, seid wieder Kind! Und dieses Wunder geschieht einfach durch eine seltsame chirurgische Methode, die alles wegschneidet, was nicht zu dir gehört, und nur beibehält, was dein authentisches Wesen ist. Sie verbrennt alles andere und lässt dich nackt zurück, allein unter der Sonne, im Wind. Es ist, als wärest du der erste Mensch auf Erden – der nichts weiß, der alles neu entdecken muss, der ein Sucher sein muss, der auf eine Pilgerreise gehen muss.

Das ist das zweite Prinzip: die Pilgerreise. Das Leben muss ein Suchen sein – kein Wünschen, sondern ein Suchen; kein Ehrgeiz, dieses oder jenes zu werden – Präsident eines Landes oder Premierminister eines Landes –, sondern ein Suchen nach dem „Wer bin ich?". Es ist höchst eigenartig, dass Leute, die nicht wissen, wer sie sind, jemand werden wollen. Sie wissen nicht einmal, wer sie im Augenblick sind! Ihr Wesen ist ihnen unbekannt – aber sie wollen unbedingt etwas werden.

Werdenwollen ist eine Krankheit der Seele. Sein – das bist du. Und die Entdeckung deines Seins ist der Anfang des Lebens. Dann ist jeder Augenblick eine Neuentdeckung, bringt jeder Augenblick eine neue Freude. Ein neues Mysterium öffnet seine Türen, eine neue Liebe erwacht in dir – ein neues Mitgefühl, das du nie zuvor gekannt hast, eine neue Sensibilität für das Schöne, für das Gute. Du bist so sensibel, dass noch der kleinste Grashalm eine ungeheure Bedeutung für dich annimmt.

Deine Sensibilität macht dir klar, dass dieser kleine Grashalm für die Existenz genau so wichtig ist wie der größte Stern, dass die Existenz ohne diesen Grashalm ärmer wäre als sie ist. Und dieser kleine Grashalm ist einzig, er ist unersetzbar, er hat seine eigene Individualität. Und diese Empfänglichkeit wird dir neue Freundschaften erschließen – Freundschaften mit Bäumen, mit Flüssen, mit Ozeanen, mit Sternen.

Im gleichen Maße, wie die Liebe wächst, wie die Freundlichkeit wächst, wird auch das Leben reicher. Aus dem Leben des Franz von Assisi wird folgende schöne Anekdote berichtet: Er liegt im Sterben, und er war immer auf einem Esel herumgezogen, von einem Ort zum anderen, seine Erfahrungen andern mitteilend. Alle seine Jünger haben sich jetzt versammelt, um seinen letzten Worten zu lauschen.

Die letzten Worte eines Menschen sind immer das Bedeutsamste, was er je ausgesprochen hat, denn sie fassen die Erfahrung seines ganzen Lebens zusammen. Aber was mussten seine erstaunten Jünger hören?

Franziskus wandte sich nicht an die Jünger, sondern an den Esel. Er sagte: „Bruder, ich bin dir ungeheuer viel schuldig. Du hast mich von einem Ort zum anderen getragen, ohne zu klagen, ohne je zu murren. Bevor ich diese Welt verlasse, habe ich nur den einen Wunsch: Vergib mir; ich bin nicht menschlich zu dir gewesen." Das waren die letzten Worte des Franz von Assisi. Eine enorme Einfühlung – den Esel mit „Bruder Esel" anzureden und um Vergebung zu bitten!

Je feinfühliger du wirst, desto weiter wird das Leben. Es hört auf, ein kleiner Teich zu sein, es wird ozeanisch. Es ist nicht mehr beschränkt auf dich, deine Frau und deine Kinder – es ist überhaupt nicht beschränkt. Diese ganze Existenz ist jetzt deine Familie, und solange die ganze Existenz nicht deine Familie ist, hast du nicht erfahren, was Leben ist – denn kein Mensch ist eine Insel, wir sind alle miteinander verbunden.

Wir sind ein riesiger Kontinent, auf millionenfache Weise verbunden. Und im gleichen Maße, wie unsere Herzen nicht voller Liebe für das Ganze sind, ist unser Leben beschnitten. Meditation gibt dir Feinfühligkeit – das große Gefühl, der ganzen Welt anzugehören. Es ist unsere Welt – die Sterne sind unser, und wir sind hier keine Fremden. Wir gehören grundsätzlich zur Existenz. Wir sind ein Teil von ihr. Wir sind ihr „Herz".

Zweitens wird dir Meditation eine große Stille bringen, denn das ganze Wissensgerümpel ist fort. Gedanken, die Teil dieses Wissens sind, sind ebenfalls fort. Eine ungeheure Stille und überrascht stellst du fest: Diese Stille ist die einzige Musik, die es gibt. Alle Musik ist nur ein Bemühen, diese Stille irgendwie zum Ausdruck zu bringen. Die Seher des alten Orients heben hervor, dass alle großen Künste – Musik, Dichtung, Tanz, Malerei, Bildhauerei – aus Meditation geboren sind. Es sind

Bemühungen, das Unbekannte auf irgendeine Art und Weise in die bekannte Welt hereinzuholen, für die, die sich nicht auf die Suche begeben wollen – einfach als Geschenk für die, die nicht bereit sind, selbst auf die Pilgerreise zu gehen. Vielleicht ist es ein Lied, was den Wunsch auslöst, auf die Suche nach der Quelle zu gehen, oder vielleicht eine Statue …

Wenn du das nächste Mal einen Tempel von Gautam Buddha oder Mahavira betrittst, setz dich einfach still hin und beobachte die Statue, denn die Statue ist so gefertigt, ist so proportioniert, dass du beim Betrachten ganz still wirst. Die Statue ist ein Abbild der Meditation, sie hat nichts mit Gautam Buddha oder Mahavira zu tun. Deshalb sind all diese Statuen gleich – Mahavira, Gautam Buddha, Neminatho, Adinatha … alle vierundzwanzig „Theerthankaras" der Jainas: Im selben Tempel kann man vierundzwanzig Statuen sehen, alle gleich – haargenau gleich.

In meiner Kindheit fragte ich meinen Vater oft: „Kannst du mir erklären, wie es möglich ist, dass vierundzwanzig Personen haargenau gleich sind? – die gleiche Größe, die gleiche Nase, das Gleiche Gesicht, der gleiche Körper …"

Und er sagte dann: „Ich weiß es nicht. Ich staune selbst immer, dass es nicht den kleinsten Unterschied gibt. Und so etwas hat es einfach noch nie gegeben – es gibt nicht einmal zwei Personen auf der ganzen Welt, die gleich sind, geschweige denn vierundzwanzig!"

Aber als meine Meditation aufblühte, bekam ich die Antwort – nicht von anderen, sondern ich fand die Antwort: nämlich, dass diese Statuen nichts mit den betreffenden Menschen zu tun haben. Diese Statuen haben etwas mit dem zu tun, was sich im Innern dieser vierundzwanzig Menschen abgespielt hat, nämlich haargenau das Gleiche. Und wir haben uns um das Äußere nie gekümmert; wir haben immer darauf bestanden, dass nur dem Inneren Beachtung geschenkt werden darf.

Das Äußere ist unwichtig. Der eine ist jung, der andere ist alt, der eine ist schwarz, der andere ist weiß, der eine ist ein Mann, der andere ist eine Frau – es spielt keine Rolle; was eine Rolle spielt, ist, dass es im Inneren einen Ozean der Stille gibt. In diesem ozeanischen Zustand nimmt der Körper eine ganz bestimmte Haltung ein.

Du hast es bestimmt schon selbst beobachtet, ohne dir dessen bewusst zu sein. Hast du bemerkt, dass dein Körper eine ganz bestimmte Haltung einnimmt, wenn du ärgerlich bist? In der Wut kannst du deine Hände nicht offen halten; in der Wut kannst du nicht lächeln – oder etwa doch? Bei einer bestimmten Emotion muss der Körper eine bestimmte Haltung einnehmen. Schon kleinste Dinge sind eng mit deinem Innern verknüpft. Diese Statuen sind also so gefertigt, dass, wenn du einfach still dasitzt und schaust und dann die Augen schließt, ein Negativbild in deinen Körper eingeht und du Dinge zu fühlen beginnst, die du nie zuvor gefühlt hast. Diese Statuen und Tempel wurden nicht um der Anbetung willen errichtet, sondern um der Erfahrung willen. Sie sind wissenschaftliche Laboratorien. Sie haben nichts mit Religion zu tun. Eine bestimmte Geheimwissenschaft, über Jahrhunderte hin eingesetzt, soll kommende Generationen mit den Erfahrungen der Ahnen in Berührung bringen – nicht durch Bücher, nicht durch Worte, sondern durch etwas, das tiefer geht: durch Stille, durch Meditation, durch Frieden.

In dem Maße, wie deine Stille zunimmt, nimmt auch deine Freundlichkeit, deine Liebe zu, wird dein Leben zum Tanz von Moment zu Moment, zur Freude, zum Fest. Hört ihr das Feuerwerk da draußen? Habt ihr jemals darüber nachgedacht, warum es überall auf der Welt, in jeder Kultur, in jeder Gesellschaft ein paar Tage im Jahr gibt, wo gefeiert wird? Diese paar Feiertage sind nur eine Kompensation – denn all diese Gesellschaften haben eurem Leben alle Feier genommen, und falls man euch keine Kompensation dafür gibt, kann euer Leben der Kultur gefährlich werden.

Jede Kultur muss euch irgendeine Kompensation geben, so dass ihr euch nicht völlig im Elend, in der Traurigkeit verliert. Aber diese Kompensationen sind unwahr. Diese Knallkörper da draußen und diese Lichter da draußen können euch nicht froh machen. Sie sind nur etwas für Kinder, für mich sind sie nur eine Belästigung.

Aber in eurer inneren Welt kann es einen fortwährenden Strom von Lichtern, Liedern und Freude geben. Vergesst nie, dass die Gesellschaft euch immer dann Kompensationen schenkt, wenn sie das Gefühl hat, dass der unterdrückte Teil zu einer gefährlichen Explosion führen könnte, falls er nicht kompensiert wird. Die Gesellschaft findet irgendeinen Weg, euch ein Ventil für das Unterdrückte zu lassen, aber das ist kein wahres Feiern, und kann es auch nicht sein.

Wahres Feiern sollte aus eurem Leben kommen – seinem Innern. Und wahres Feiern kann sich nicht nach dem Kalender richten, so dass ihr etwa am ersten November feiert.

Seltsam, das ganze Jahr hindurch seid ihr unglücklich, und am ersten November kommt ihr plötzlich aus eurem Elend heraus und tanzt. Entweder stimmt das Elend nicht – oder der erste November stimmt nicht; beides kann nicht stimmen. Und wenn dann der erste November vorbei ist, seid ihr wieder im schwarzen Loch – jeder in seinem Elend, jeder in seiner Angst vergraben.

Das Leben sollte ein ununterbrochenes Fest sein, das ganze

Jahr ein Lichterfest. Nur dann könnt ihr reif werden, könnt ihr blühen. Macht aus kleinen Dingen ein Fest.

Zum Beispiel kennt man in Japan die Teezeremonie. In jedem Zenkloster und in jedem Haus, das es sich leisten kann, gibt es einen kleinen Tempel für das Teetrinken. Plötzlich ist Tee keine gewöhnliche, profane Sache mehr: Sie haben ein Fest daraus gemacht. Der Tee-Tempel ist auf eine ganz bestimmte Art gestaltet – in einem schönen Garten mit einem schönen Teich mit Schwänen darauf, Blumen überall. Gäste kommen, und sie müssen ihre Schuhe draußen lassen: es ist ein Tempel! Und beim Betreten des Tempels darf man nicht sprechen, sondern muss seinen Verstand, seine Gedanken und sein Gerede draußen bei den Schuhen lassen. Man nimmt Platz in einer meditativen Stellung. Und die Gastgeberin, die Frau, die einem den Tee zubereitet … ihre Bewegungen sind so graziös, als würde sie tanzen, während sie alles vorbereitet und Tassen und Untertassen so vor euch hinstellt, als wäret ihr Götter. Mit so viel Ehrfurcht … sie wird sich verneigen und ihr werdet es mit derselben Ehrfurcht erwidern.

Der Tee wird in einem besonderen Samowar zubereitet, der angenehm summt – eine ganz eigene Musik. Und es gehört zur Teezeremonie, dass jeder zuerst der Musik des Tees zuhört. So ist also jeder still und lauscht … Vögel zwitschern draußen im Garten, und dann der Samowar … der Tee erfindet seine eigene Weise. Über allem liegt ein gewisser Friede.

Wenn der Tee fertig und in jede Tasse eingeschenkt worden ist, dürft ihr nicht so trinken, wie es überall sonst geschieht. Zuerst werdet ihr das Aroma des Tees einsaugen. Ihr werdet den Tee Schluck für Schluck trinken, als komme er aus dem Jenseits. Man lässt sich Zeit – es gibt keine Eile. Vielleicht spielt jemand auf der Flöte oder der Sitar.

Eine ganz gewöhnliche Sache – einfach Tee… und sie haben daraus ein wunderschönes Fest gemacht, und jeder geht innerlich genährt und erfrischt daraus hervor, fühlt sich jünger, fühlt sich kräftiger. Und was mit Tee möglich ist, ist mit allem möglich – mit eurer Kleidung, mit eurem Essen.

Die Menschen leben beinahe im Tiefschlaf; sonst müssten sie sehen, dass jeder Stoff, jedes Kleidungsstück seine eigene Schönheit hat, sich besonders anfühlt. Wenn du feinfühlig bist, dann ist die Kleidung nicht nur dazu da, den Körper zu bedecken; dann ist sie etwas, das deine Individualität ausdrückt, deinen Geschmack, dein Wesen. Alles, was du tust, sollte ein Ausdruck von dir sein, sollte deine Signatur tragen. Dann wird das Leben zu einem ununterbrochenen Fest.

Sogar wenn du krank wirst und im Bett liegst, wirst du jene Augenblicke der Bettlägerigkeit zu Augenblicken der Schönheit und Freude machen, Augenblicken der Entspannung und Ruhe, Augenblicken der Meditation, Augenblicken, wo du dir Musik oder Dichtung anhören kannst … Du brauchst nicht traurig zu sein, weil du krank bist. Du solltest froh sein: Alle andern sind im Büro und du liegst im Bett wie ein König und entspannst dich – jemand macht dir Tee, der Samowar singt ein Lied, ein Freund hat sich angeboten, vorbeizukommen und dir auf der Flöte vorzuspielen …

Diese Dinge sind wichtiger als jede Medizin. Wenn du krank bist, ruf den Arzt – aber wichtiger noch, rufe die, die dich lieben, denn es gibt keine bessere Medizin als die Liebe. Ruf die, die Schönheit, Musik, Poesie um dich verbreiten können; denn es gibt nichts Heilsameres als eine festliche Atmosphäre. Medikamente sind die niedrigste Form der Behandlung. Aber anscheinend haben wir alles vergessen, so dass uns nur Medikamente bleiben und wir unleidlich und traurig sein müssen – als ob es ein solcher Verlust wäre, mal nicht im Büro zu sitzen! Im Büro hast du dich elend gefühlt! Jetzt hast du mal einen freien Tag, und schon klammerst du dich wieder an dein Elend. Du willst es nicht loslassen.

Seid in allem kreativ; macht aus dem Schlimmsten das Beste – das ist für mich die ganze Kunst. Und wenn ein Mensch sein ganzes Leben so gelebt hat, dass er jeden Augenblick und jede Phase seines Lebens zu etwas Schönem, etwas Liebevollem, etwas Freudigem gemacht hat, dann wird sein Tod natürlich der absolute Höhepunkt seiner lebenslangen Übung sein. Die letzten Glanzlichter auf dem Gemälde ... sein Tod wird nicht hässlich sein – wie es fast täglich der Fall ist. Ein hässlicher Tod bedeutet, dass dein ganzes Leben umsonst war. Der Tod sollte ein friedliches Akzeptieren sein, ein liebevolles Eintreten in das Unbekannte, ein freudiges Abschiednehmen von alten Freunden, von der alten Welt. Er sollte ohne alle Tragik sein.

Ein Zen-Meister, Lin Chi, lag im Sterben. Tausende seiner Schüler hatten sich versammelt, um seinen letzten Worten zu lauschen, aber Lin Chi lag ganz einfach da – vergnügt lächelnd – und sagte kein einziges Wort. Als allen klar war, dass er sterben wollte, ohne ein Wort gesagt zu haben, trat ein Mann zu Lin Chi – ein alter Freund, selber ein Meister ... Er war kein Schüler Lin Chis und scheute sich darum nicht zu sagen: „Lin Chi, hast du vergessen, deine letzten Worte zu sprechen? Ich habe schon immer gesagt, dass dein Gedächtnis nicht ganz in Ordnung ist. Du liegst im Sterben ... hast du das vergessen?"
Lin Chi sagte: „Hört doch nur ... !", denn auf dem Dach rannten zwei Eichhörnchen herum und quietschten.
Er sagte: „Wie schön!" und starb.

Jeder erwartete großartige Worte, aber da waren nur zwei Eichhörnchen, die kämpften und quietschten und auf dem Dach herumtobten ...
Er lächelte und starb.

Aber genau das war seine letzte Botschaft: Unterteilt nicht alles in Groß oder Klein, Wichtig oder Trivial. Alles ist wichtig. Jetzt im Moment ist Lin Chis Tod genauso wichtig wie die zwei kleinen Eichhörnchen, die auf dem Dach toben. Da gibt es keinen Unterschied. In der Existenz ist alles gleich. Das war seine ganze Philosophie, seine ganze Lebenslehre – dass es nichts gibt, was klein ist, und dass es nichts gibt, was groß ist – dass es ganz allein auf dich ankommt, was du daraus machst. Fang an zu meditieren, und vieles wird in dir heranwachsen – Stille, Gelassenheit, Seligkeit, Feinfühligkeit. Und was immer sich aus dem Meditieren ergibt, das versuche in deinem Leben zum Ausdruck zu bringen. Teile es mit andern; denn alles, was man mit andern teilt, wächst schnell.

Und wenn du an der Schwelle des Todes stehst, wirst du wissen, dass es keinen Tod gibt. Du kannst Abschied nehmen ... kein Grund zu Tränen der Trauer – vielleicht zu Tränen der Freude, aber nicht der Traurigkeit. Aber zuallererst musst du anfangen, unschuldig zu werden.

Zuerst also wirf allen Mist raus, den du mitschleppst. Und jeder schleppt so viel Mist mit! Und man fragt sich, wozu? Nur weil irgendwelche Leute dir weisgemacht haben, es handle sich da um große Ideen und Grundsätze ... Du bist einfach nicht intelligent mit dir umgegangen. Geh intelligent mit dir um!

Das Leben ist ganz leicht; es ist ein freudiger Tanz. Und die ganze Welt kann voll Freude und Tanz sein, aber da gibt es

Leute, die ein handfestes Interesse daran haben, dass niemand sein Leben genießt, dass niemand lacht, dass das Leben eine Sünde ist, dass es eine Strafe ist. Wie kannst du es genießen, wenn das ganze Lebensklima dir von allen Seiten signalisiert, dass das Leben eine Strafe ist, die du erleiden musst, weil du falsch gehandelt hast, und dass es eine Art Gefängnis ist, in das du geworfen wurdest, um zu büßen?

Ich sage dir: Das Leben ist kein Gefängnis, es ist keine Strafe. Es ist eine Belohnung, und es wird nur denen gegeben, die es verdient haben, die es verdienen. Jetzt ist es dein Recht, es zu genießen; es ist Sünde, wenn du es nicht genießt. Du handelst gegen die Existenz, wenn du sie nicht verschönerst, wenn du sie einfach wieder so verlässt, wie du sie vorgefunden hast.

Nein, hinterlasse die Welt ein bisschen glücklicher, ein bisschen schöner, ein bisschen wohlriechender.

Aus: Beyond Enlightenment

Jeder sehnt sich danach, total zu leben

Ich wurde von deiner Kommune in Amerika angezogen wie von einem Magneten. Ich wusste einfach: es gibt keinen anderen Ort auf diesem Planeten, wo ich das Leben so in seiner Totalität erfahren kann. Ich hatte weder Bücher von dir gelesen noch andere Bücher über die Suche nach Wahrheit, Bewusstheit, Bewusstseinserweiterung. Ich frage mich, wie ich immer wieder zu diesem Brunnen komme, wenn ich mich nicht mal durstig fühle, oder jedenfalls diesen Durst nicht verspüre.

DAS LEBEN IST EIN MYSTERIUM, UND ES IST NICHT IMMER MÖGLICH, Erklärungen für das zu finden, was dir zustößt oder warum es dir zustößt. Warum bist du überhaupt auf der Welt? Darauf gibt es keine Antwort. Warum entzündet sich plötzlich die Liebe in dir, ohne sich vorher anzukündigen? Darauf gibt es keine Antwort. Warum findest du die Rosenblüte schön? Du kannst es nicht erklären.

Du sagst: *Ich wurde von deiner Kommune angezogen wie von einem Magneten, ohne zu verstehen, warum ich da war.* Niemand versteht es. Glaubst du, dass alle diese Leute hier verstehen, warum sie hier sind? Glaubst du, dass ich weiß, warum ich hier bin? Bestenfalls lässt sich sagen: Ich bin euretwegen hier, und ihr seid meinetwegen hier. Aber das erklärt gar nichts.

Ich wusste einfach: Es gibt keinen anderen Ort auf diesem Planeten, wo ich das Leben so in seiner Totalität erfahren kann.

Das ist mehr als genug ... angezogen zu werden, wie magnetisiert. Jeder sehnt sich in seinem Herzen danach, das Leben total zu leben; aber die Gesellschaft erlaubt es dir nicht, die Kultur hindert dich, die Religion hat dich im Griff, die Familie beschneidet dir die Flügel. Überall um dich herum gibt es Menschen, die ein handfestes Interesse daran haben, dass du nicht total lebst. Man fragt sich, warum sie ein solches Interesse daran haben, andere zu hindern, total zu leben: Ihre ganze Ausbeutung der Menschheit hängt davon ab. Ein Mensch, der total lebt, braucht keinen Alkohol oder sonst eine Droge. Natürlich können die Leute, die Millionen von Dollars an Alkohol und Drogen verdienen, euch nicht erlauben, total zu leben.

Totales Leben macht solche Freude, dass du dir deine Freude nicht durch den Alkohol zerstören lässt. Nur unglückliche Leute brauchen Alkohol – Leute, die Kummer haben, Leute, die irgendwie ihre Probleme, ihre Ängste wenigstens ein paar Stunden lang vergessen möchten. Dabei verändert der Alkohol überhaupt nichts. Aber auch nur mal ein paar Stunden abzuschalten, scheint für Millionen eine absolute Notwendigkeit zu sein. Wenn der Mensch total lebt, ist jeder Augenblick eine solche Erfüllung für ihn, dass vor den Kinos keine Warteschlangen mehr zu sehen sein werden. Wer will schon andern bei der Liebe zusehen, wenn man selber lieben kann? Warum solltest du ins Kino gehen, wenn dein eigenes Leben ein solches Mysterium und ein so ungeheures Entdeckungsabenteuer ist ... Wen interessieren dann noch drittklassige Schmalzfilme?

Der Mensch, der total lebt, wird ehrgeizlos. Weil er im Jetzt so glücklich ist, kann er sich gar nicht vorstellen, dass noch mehr möglich ist. Der gewöhnliche Wahn des menschlichen Verstandes – der Wunsch nach mehr und immer mehr – kommt daher, dass ihr nicht total lebt. Es klafft immer eine

Lücke, immer fehlt etwas. Du weißt: Manches hätte besser sein können. Aus solch einem halbgelebten Leben kommt aller Ehrgeiz, und dann fängt das ganze Gesellschaftskarussell an: Die Leute möchten reich werden, die Leute möchten berühmt werden, die Leute möchten Politiker werden, die Leute möchten Präsidenten und Premierminister werden.

Bis jetzt war die Menschheit dadurch bestimmt, dass es dem Einzelnen nicht erlaubt war, total zu leben, und zwar durch alle möglichen Hindernisse. Der totale Mensch würde ja nur all die etablierten Machtinteressen auf der Welt untergraben. Der totale Mensch ist für die etablierten Mächte der gefährlichste Mensch.

Ihr könnt einen Menschen nicht versklaven, der sein Leben in Hülle und Fülle genießt. Ihr könnt ihn nicht zwingen, zum Militär zu gehen, Leute zu töten und sich töten zu lassen. Eure ganze Gesellschaftsstruktur wird zusammenbrechen ... Mit dem totalen Menschen wird es auch zu einer anderen Gesellschaftsstruktur kommen: ohne Ehrgeiz, aber ungeheuer fröhlich – ganz ohne „die großen Tiere".

Vielleicht habt ihr darüber nie nachgedacht: „Große" kann es nur deshalb geben, weil Millionen Menschen nicht groß sind; wer würde sich sonst an Gautam Buddha erinnern? Wenn es Millionen von Gautam Buddhas gäbe, Millionen von Mahaviras, Millionen von Jesusgestalten – wer würde nach diesen Leuten fragen? Diese wenigen Menschen sind nur deshalb „groß" geworden, weil es Millionen nicht erlaubt ist, total zu leben. Wer würde in die Kirchen gehen, wenn die Leute nicht unglücklich wären ... wer in die Tempel, die Synagogen, die Moscheen? Wer wäre dort zu finden?

Ein Mensch, der jeden Moment mit solcher Intensität lebt, dass das Leben selbst zu einem Paradies geworden ist, dass das

Leben selbst göttlich geworden ist, braucht kein Anbeter toter Statuen, toter Schriften, morscher Ideologien, dummer Götzen zu sein.

Der totale Mensch ist für euer jetziges Establishment die größte Gefahr auf der Welt. Und ihr könnt es selber sehen. Warum werde ich von der ganzen Welt verurteilt? Es kommt nicht von ungefähr ... Falls sie mich kreuzigen, kann ich Gott nicht erzählen: „Herr, vergib diesen, denn sie wissen nicht, was sie tun." Zum Ersten gibt es keinen Herrgott, zu dem ich überhaupt reden könnte; zum Zweiten könnte ich nicht sagen: „Sie wissen nicht, was sie tun." Ich kann nur sagen: „Sie tun genau, was sie wollen, und sie tun es wissentlich."

Ihre ganze Lebensweise ist in Gefahr. Zwar mag ihnen ihre Lebensweise kein Glück bescheren, aber es ist ihr Unglück. Und diese Unglücksgeschöpfe bilden die unübersehbare Mehrheit! Und sie können Leute nicht leiden, die nichts haben und dennoch so glücklich und zufrieden, so ungeheuer fröhlich sind, dass ihre Herzen von Liedern überfließen, und die jeden Augenblick ekstatisch zu tanzen bereit sind.

Der US-Justizminister hat vor Journalisten gesagt: „Unsere Priorität war es, diese Kommune zu vernichten." Man fragt sich, warum sich eine große Nation mit so viel Macht von einer kleinen Kommune von fünftausend Leuten, die fernab von Amerika in einer Wüste leben, bedroht fühlt? Die nächste amerikanische Siedlung war dreißig Kilometer weit weg! Warum haben sie sich so große Sorgen gemacht? Warum haben sie mich in jeder christlichen Kirche verdammt? Aus dem einfachen Grund, dass diese fünftausend Menschen ein unbehindertes Leben führten. Sie lebten wirklich in totaler Freiheit; sie hatten alle Handicaps abgeworfen.

Vermutlich haben nirgendwo auf der ganzen Welt Menschen härter gearbeitet als sie – zwölf, manchmal vierzehn Stunden am Tag – und doch hatten sie abends noch Energie, stundenlang zu tanzen, stundenlang zu singen, früh morgens aufzustehen und stundenlang zu meditieren. Damit entstand eine sehr gefährliche Situation. Wenn diese Leute, die nichts haben, so voller Freude leben, warum sind dann all die Christen Amerikas und all die Juden Amerikas, die alles haben, so unglücklich?

Wir feierten sogar den Tod – sie dagegen waren nicht einmal fähig, das Leben zu feiern. Wann immer ein Sannyasin starb, war das eine Gelegenheit zu feiern, ihm einen guten Abschied zu bereiten, tanzend und singend: Er geht auf eine ewige Reise, und vielleicht werden wir uns nie wiedersehen. Das ist nicht der Augenblick zu trauern und unglücklich zu sein, zu jammern und zu weinen. Das wurde für Amerika zum Problem.

Das ist der Grund, warum es für sie eine Priorität wurde, die Kommune zu vernichten. Und sie setzten alles denkbar Illegale, Kriminelle und Verfassungswidrige in Bewegung. Aber diese fünftausend Leute waren hilflos. Sie hatten nie gedacht, dass es lebensgefährlich sein könnte, froh zu sein. Sie hatten nie gedacht, dass man sich in einer unglücklichen Welt so wie jeder andere verhalten muss. Wenn alles jammert und weint, dürft ihr nicht lachen, sonst werden euch diese jammernden und weinenden Leute töten.

Du fühltest dich zur Kommune hingezogen, weil du keine Bücher gelesen hattest und nicht mit geliehenem Wissen belastet warst. Du warst nicht auf der Suche nach Wahrheit; sonst hättest du natürlich in heiligen Schriften nachgesehen, wärst zu den Rabbis, zu den Bischöfen, zu den Gelehrten gegangen. Weil du nicht daran interessiert warst, nach der

Wahrheit zu suchen, und weder meine Bücher noch die Bücher anderer gelesen hattest, warst du geistig unschuldig und unvorbelastet. Genau dieser Eigenschaft wegen fühltest du dich zu meiner Kommune hingezogen. Und als du in der Kommune warst, konntest du sehen, dass das Leben auf eine völlig andere, auf eine intelligentere Weise gelebt werden kann, dass der Mensch bisher einfach eine große Chance versäumt hat: eine Chance, wie er sich selbst entdecken kann, wie er neue Bereiche des Seins, neue Blumen des Glücks, eine neue Liebe entdecken kann – eine Liebe, die nicht zur Fessel wird, sondern eine Liebe, die dich freier macht, als du es jemals zuvor gewesen bist, eine Liebe, die dir die Freiheit schenkt.

Und zum ersten Mal muss dir bewusst geworden sein, dass fünftausend Menschen aller Rassen, aller Religionen, ja beinahe aller Länder, aller Hautfarben ganz einfach wie eine riesige Familie zusammenleben können. Nur zu erleben, wie fünftausend Menschen in einer Küche essen – und zu Festivalzeiten aßen zwanzigtausend Sannyasins zusammen – und niemand fragte danach, wer Christ oder Jude oder Moslem war. Niemand wollte auch nur wissen: „Was ist deine Religion?"

Jeder verstand, dass unsere Religion darin besteht, total und voll zu leben, und jeden anderen auf seine Art und Weise leben zu lassen, ganz nach seinen Vorlieben und Abneigungen, sich auf keine Weise in das Leben anderer einzumischen, und niemandem zu erlauben, sich in dein Leben einzumischen. Fünftausend Individuen ... aber so lebend, als wären sie eine einzige organische Einheit!

Es liegt an deiner Intelligenz und deiner Unschuld, dass du immer wieder zu diesem Brunnen gekommen bist – b du nun durstig bist oder nicht ... Es gibt Arten von Durst, von denen dein Bewusstsein nichts weiß, so tief sind sie in deinem Unbewussten. Aber wenn du zum Brunnen kommst, wirst du eine große Sättigung finden. Du magst den Durst vielleicht nicht spüren, aber du wirst spüren, dass etwas in dir gestillt wurde.

Aus: The Razors Edge

Merkt euch: Das Leben ist wild

EURE HÄUSER SIND EHER WIE GRÄBER. IHR SEID ZU SEHR UM SICHERHEIT besorgt. Und eine zu große Sorge um Sicherheit tötet, denn Leben ist unsicher. Es ist eben so! Nichts lässt sich daran ändern, niemand kann es absichern. Alle Sicherheiten sind falsch, alle Sicherheiten sind Einbildung. Eine Frau liebt dich heute – morgen … wer weiß?

Wie kann dir das Morgen sicher sein? Du magst zwar zum Standesamt gehen und es eintragen lassen, dich legal absichern, dass sie auch morgen deine Frau bleiben wird. Sie mag auch auf Grund der rechtlichen Verpflichtung deine Frau bleiben, aber die Liebe kann verschwinden.

Die Liebe kennt keine Legalität.

Und wenn die Liebe verschwindet und die Ehefrau Ehefrau bleibt und der Ehemann Ehemann, dann ist etwas Totes zwischen ihnen. Der Sicherheit wegen schaffen wir die Ehe. Der Sicherheit wegen schaffen wir die Gesellschaft. Der Sicherheit wegen folgen wir immer dem vorgegebenen Trampelpfad.

Das Leben ist wild. Die Liebe ist wild. Und Gott ist absolut wild. Er wird nie in eure Gärten kommen, sie sind zu menschenmäßig. Er wird nie in eure Häuser kommen, sie sind zu klein. Er wird nie auf euren Trampelpfaden anzutreffen sein. Er ist wild. Merkt euch: Das Leben ist wild.

Aus: Tantra – Die höchste Einsicht

LiEBEN

Was ist Liebe?

Was ist Liebe? Warum habe ich solche Angst vor Liebe? Warum fühlt sich Liebe an wie eine unerträgliche Qual?

DU FRAGST: WAS IST LIEBE? SIE IST DAS TIEFE VERLANGEN, EINS ZU SEIN mit dem Ganzen, das tiefe Verlangen, „Ich" und „Du" in einer Einheit aufzulösen. Liebe ist deshalb dieses tiefe Verlangen, weil wir von unserer eigenen Quelle abgeschnitten sind. Aus dieser Trennung heraus entsteht der Wunsch, wieder ins Ganze zurückzufallen, eins damit zu werden.

Wenn du einem Baum seinen Boden nimmst, wenn du ihn entwurzelst, dann fühlt der Baum ein großes Verlangen, wieder in der Erde verwurzelt zu sein, weil das sein wahres Leben war. Nun stirbt er. Abgetrennt kann der Baum nicht existieren. Er muss in der Erde, mit der Erde, durch die Erde existieren. Genau das ist Liebe.

Dein Ego ist zu einer Barriere zwischen dir und deiner Erde geworden – dem Ganzen. Der Mensch erstickt, er kann nicht atmen, er hat seine Wurzeln verloren. Er wird nicht mehr genährt. Liebe ist ein Verlangen nach Nahrung. Liebe ist, Wurzeln in der Existenz zu schlagen.

Und das ist leichter, wenn du mit dem entgegengesetzten Pol zusammenfällst – daher wird der Mann von der Frau angezogen und wird die Frau vom Mann angezogen. Der Mann kann durch die Frau seinen Boden finden, er kann durch die Frau wieder geerdet werden, und die Frau kann durch den

Mann geerdet werden. Sie sind komplementär. Der Mann allein ist halb, in dem verzweifelten Bedürfnis, ganz zu sein. Die Frau allein ist halb. Wenn diese zwei Hälften sich treffen und ineinander verschmelzen, fühlt man sich zum ersten Mal verwurzelt, geerdet: Große Freude steigt im Innersten auf.

Nicht nur in der Frau findest du dann deine Wurzeln, sondern – durch die Frau – auch in Gott. Die Frau ist nur eine Tür; der Mann ist nur eine Tür. Mann und Frau sind Türen zu Gott. Das Verlangen nach Liebe ist das Verlangen nach Gott. Ihr mögt dies begreifen oder ihr mögt dies nicht begreifen; aber das Verlangen nach Liebe ist in Wirklichkeit der Beweis der Existenz Gottes. Es gibt keinen anderen Beweis. Weil der Mensch liebt, ist Gott. Weil der Mensch nicht ohne Liebe leben kann, ist Gott. Der Drang nach Liebe besagt einfach, dass wir „allein" leiden und sterben, „gemeinsam" aber wachsen und genährt, erfüllt und befriedigt werden.

Du fragst: *Was ist Liebe? Warum habe ich solche Angst vor Liebe?* Genau deshalb hast du Angst vor der Liebe – weil du in dem Moment, wo du in die Frau eintauchst, dein Ego verlierst; und auch die Frau verliert, wenn sie in den Mann eintaucht, ihr Ego.

Das muss jetzt verstanden werden: Du kannst nur dann im Ganzen verwurzelt sein, wenn du dich selber verlierst; anders geht es nicht. Du wirst vom Ganzen angezogen, weil du dich ungenährt fühlst; aber dann, wenn der Moment kommt, dich im Ganzen aufzulösen, wirst du plötzlich sehr ängstlich. Eine große Angst steigt auf, weil du dich selber verlierst. Du schreckst zurück. Das ist das Dilemma. Jeder einzelne Mensch hat sich dem zu stellen, muss dem begegnen, muss da hindurchgehen, muss es verstehen und transzendieren.

Du musst verstehen, dass beide Dinge aus derselben Quelle

kommen. Du fühlst, dass es schön wäre, sich aufzulösen – keine Sorgen, keine Angst, keine Verantwortung. Du wirst ein Teil des Ganzen, so wie es die Bäume sind und die Sterne sind. Allein schon die Vorstellung ist fantastisch! Sie öffnet Türen, mysteriöse Türen, die in dein Innerstes führen, sie lässt Dichtung entstehen! Sie ist romantisch. Aber wenn du dich tatsächlich darauf einlässt, dann kommt die Angst auf: „Ich werde verschwinden – und wer weiß, was dann passiert?"

Es ist wie ein Fluss, der die Wüste erreicht, der dem Flüstern der Wüste lauscht ... er zögert. Er möchte sie überwinden, möchte auf die Suche nach dem Ozean gehen, fühlt, dass da ein Verlangen ist und eine subtile Intuition und Gewissheit und Überzeugung, die da sagt: „Meine Bestimmung ist es, darüber hinaus zu gehen." Dafür lässt sich kein sichtbarer Grund anführen, aber da ist eine innere Überzeugung, die sagt: „Ich soll nicht hier enden, ich muss nach etwas Größerem suchen." Irgendetwas tief im Innern sagt: „Versuche es, versuche es mit allen Kräften, und überwinde diese Wüste!"

Und dann sagt die Wüste: „Hör zu. Der einzige Weg ist der, dich in die Lüfte zu verdunsten. Sie werden dich aufnehmen, sie werden dich über die Wüste hinwegtragen."

Der Fluss möchte über die Wüste hinaus gelangen, aber da stellt sich natürlich die Frage: „Was ist denn der Beweis und die Garantie, dass die Lüfte mich wieder zu einem Fluss werden lassen? Wenn ich erst einmal verschwunden bin, werde ich überhaupt keine Kontrolle mehr haben. Was garantiert mir denn, dass ich wieder der gleiche Fluss sein werde, die gleiche Form, der gleiche Name, der gleiche Körper? Und wer will das wissen? Und wie kann ich mich darauf verlassen, dass mich die Lüfte, wenn ich mich ihnen erst ausgeliefert habe, auch wieder laufen lassen?

Genau das ist die Angst der Liebe.

Du weißt, du bist überzeugt, es gibt ohne Liebe keine Freude, ohne Liebe kein Leben: Ohne Liebe hungerst du nach etwas Unbekanntem, unerfüllt, leer. Du bist hohl, du hast nichts. Du bist einfach ein Gefäß ohne Inhalt. Du fühlst die Hohlheit, die Leere und das ganze Elend. Und du bist überzeugt, dass es Möglichkeiten gibt, dich zu erfüllen. Aber wenn du dich der Liebe näherst, kommt eine große Angst, ein Zweifel auf: Wenn du jetzt nachgibst, wenn du da wirklich hineingehst – wirst du dann jemals fähig sein, wieder zurückzukommen? Wirst du fähig sein, deine Identität, deine Persönlichkeit zu wahren? Ist es dieses Risiko wert?

Und der Verstand beschließt, kein solches Risiko einzugehen, denn wenigstens „bist du da" – wenn auch unterernährt, hungrig, unglücklich – aber wenigstens bist du da. Wenn du dich in irgendeine Liebe auflöst, wer weiß?

Du kommst abhanden, und was ist dann die Garantie, dass es Freude geben wird, dass es Seligkeit geben wird, dass es Gott geben wird? Es ist die gleiche Angst, die ein Samenkorn fühlt, wenn es sich sterbend in den Boden aufzulösen beginnt. Es ist der Tod. Und das Samenkorn kann sich nicht vorstellen, wie aus dem Tod wieder Leben entstehen soll.

Liebe ist Tod. Und Liebende können nicht begreifen, dass dieser Tod nur von dieser Seite aus Tod ist. Von der anderen Seite her ist es die wahre Geburt. Sie ist schmerzhaft.

Und Angst kommt auf und Zweifel kommen auf und viele Male fühlst du es und wirst sagen: „So dringlich ist es auch wieder nicht." Der Verstand wird sagen: „Worauf lässt du dich ein? Wofür? Rette dich und flieh!"

Und der Verstand wird tausend Fluchtgründe finden, und der Verstand ist sehr schlau im Erfinden von Gründen. Er ist ein Rationalisierer. Wo Gründe fehlen, erfindet er welche. Und sie werden dir gefallen, weil sie deinem Ego gefallen.

Das ist das Unglück, das Dilemma, die Qual: Der Mensch möchte lieben, aber der Mensch bäumt sich auch dagegen auf, zu lieben. Bevor du das nicht verstehst und trotz deiner Angst handelst, wirst du nie fähig werden zu lieben.

Aus: The Wisdom of the Sands

Die innere Musik

DAS HERZ DES MENSCHEN IST EIN MUSIKINSTRUMENT, ES BIRGT GROSSE Musik. Sie schläft, aber sie ist da und wartet darauf, im richtigen Moment angestimmt zu werden, ausgedrückt zu werden, gesungen zu werden, getanzt zu werden. Und es geschieht durch die Liebe, dass dieser Moment kommt.

Ein Mensch ohne Liebe wird niemals wissen, welche Musik er in seinem Herzen getragen hat. Es geschieht nur durch Liebe, dass diese Musik lebendig wird, erwacht, vom Möglichen zum Wirklichen übergeht.

Liebe löst den Prozess aus, Liebe ist ein Katalysator. Und wenn die Liebe keinen Prozess der inneren Musik in dir auslöst, dann muss es etwas anderes sein, das sich als Liebe verkleidet hat, es ist jedenfalls keine Liebe. Es ist vielleicht Lust, es ist vielleicht nur Sexualität, Sinnlichkeit.

Es ist nichts falsch an Sexualität oder Sinnlichkeit, es ist nichts falsch an Lust. Ich verdamme sie nicht, sie taugen als das, was sie sind, aber sie sind nicht Liebe. Sie können vorgeben, Liebe zu sein, sie können dich dazu verleiten, zu glauben es sei Liebe. Und dies ist das Merkmal, woran du das erkennen kannst: Wenn deine innere Musik zu fließen beginnt, dann ist es Liebe.

Plötzlich fühlst du dich in tiefer Harmonie. Du bist kein Missklang mehr, du wirst zum Akkord. Du bist kein Chaos mehr, du wirst zum Kosmos; und das Leben nimmt eine neue Qualität an, die Qualität des Jubilierens, die Qualität des Halleluja! Das ist das einzige Kriterium: Suche weiter, gehe immer tiefer und tiefer in die Liebe hinein, und eines Tages wirst du auf deine innere Musik stoßen. Und danach ist das Leben nicht mehr so wie früher. Ja, danach fängt das Leben erst richtig an.

Aus: Let Go!

Liebe ist der Tanz deines Lebens

DAS LEBEN IST EINE CHANCE: DER BODEN, AUF DEM DIE ROSEN DER Liebe blühen. Liebe ist ein Wert an sich; sie dient keinem Zweck; sie hat keine Bedeutung. Sie hat ungeheure Wichtigkeit; sie hat große Freude; sie hat ihre eigene Ekstase – aber das sind keine Bedeutungen. Liebe ist nicht ein Geschäft, wo es auf Zwecke, auf Ziele ankommt.

In der Liebe ist immer eine gewisse Verrücktheit.

Und was ist diese Verrücktheit? Die Verrücktheit ist, dass du nicht beweisen kannst, warum du liebst. Du kannst keine vernünftige Erklärung für deine Liebe finden. Du kannst sagen, du gehst einer bestimmten Arbeit nach, weil du Geld brauchst; du brauchst Geld, weil du ein Haus brauchst. Du brauchst ein Haus, weil – wie kannst du ohne Haus leben?

In deinem gewöhnlichen Leben dient alles irgendeinem Zweck, aber Liebe – dafür kannst du keinen Grund angeben. Du kannst lediglich sagen: „Ich weiß es nicht. Ich weiß nur, dass Liebe heißt, den allerschönsten Zustand in mir zu erfahren." Aber das ist kein Zweck. Dieser Zustand ist nichts Zerebrales. Dieser Zustand lässt sich nicht zur Ware machen. Dieser Zustand ist wie eine Rosenknospe mit einem Tautropfen darauf … der glänzt wie eine Perle, und in der frühen Morgenbrise und in der Sonne tanzt die Rosenknospe.

Liebe ist der Tanz deines Lebens. Darum haben die, die nicht wissen, was Liebe ist, den eigentlichen Tanz des Lebens verpasst. Sie haben die Chance verpasst, Rosen wachsen zu lassen. Genau deswegen erscheint die Liebe dem weltlichen

Denken, dem rechnerischen Denken, dem Computerdenken – dem Mathematiker, dem Wirtschaftsexperten, dem Politiker – wie eine Art Wahnsinn.

Aber für alle, die die Liebe kennen, ist Liebe das einzig Vernünftige. Ohne Liebe mag ein Mensch reich, gesund, berühmt sein – aber geistig gesund kann er nicht sein, weil er nichts von inneren Werten weiß. Ein gesunder Geist ist nichts als der Duft der Rosen, die dir im Herzen blühen.

Liebende brauchen keine psychiatrische Behandlung. Vielmehr ist Liebe das größte Heilmittel. Wer ohne sie ausgeht, ist leer und unerfüllt geblieben. Der gewöhnliche Wahnsinn hat keine Methode, aber der Wahnsinn namens Liebe hat eine gewisse Methode. Und was ist ihre Methode? Dass sie dich fröhlich macht, dass sie dein Leben zu einem Lied macht, dass sie dir große Anmut verleiht.

Habt ihr die Menschen beobachtet? Wenn jemand sich verliebt, braucht er es nicht an die große Glocke zu hängen. Ihr seht es seinen Augen an: Eine neue Tiefe ist entstanden. Ihr seht in seinem Gesicht eine neue Anmut, eine neue Schönheit. Ihr seht in seinem Gang einen unmerklichen Tanz. Er ist noch der Gleiche, und doch ist er nicht der gleiche. Die Liebe ist in sein Leben getreten, der Frühling ist in sein Dasein gekommen, Blumen sind in seiner Seele aufgeblüht.

Liebe bewirkt sofortige Transformationen.

Der Mensch, der nicht lieben kann, kann auch nicht intelligent sein, kann auch nicht anmutig sein, kann auch nicht schön sein. Sein Leben ist einfach eine Tragödie.

All die religiösen Lehrer haben euch ständig erzählt: „Euer Leben ist nichtig, denn es ist nichts als eine Seifenblase. Heute ist es da, morgen ist es fort. Euer Leben in dieser Welt, in diesem Körper, ist überhaupt nichts wert, weil es momentan ist.

Sein ganzer Nutzen ist, dass ihr ihm entsagen könnt. Und indem ihr ihm entsagt, könnt ihr euch in den Augen Gottes tugendreich machen."

Eine komische Ideologie! Aber sie hat über Jahrhunderte den Geist der Menschen beherrscht, ohne je in Frage gestellt worden zu sein. Vor allem im Osten ist die Welt illusorisch. Und warum ist sie illusorisch? Weil sie sich ändert. Alles was sich ändert, hat keinen Zweck, ist wertlos. Nur das Dauerhafte – das, was immer gleich bleibt, ist bedeutungsvoll. Dabei könnt ihr auf der ganzen Welt nichts finden, was immer gleich bleibt! Dieser ganze Ansatz basiert auf der Behauptung, dass die Welt eine Illusion sei, weil sie nicht dauerhaft sei.

„Sucht das Dauerhafte und entsagt dem Undauerhaften!" – das ist mehr oder weniger die Einstellung aller Religionen der Welt. Außer der Veränderung ändert sich alles. Es sei denn, ihr wollt die Veränderung zum Gott erheben – denn das ist das einzig Dauerhafte auf der Welt. Ihr könnt sonst nichts finden, was auch nur andeutungsweise auf einen dauerhaften Gott schließen ließe.

Liebt das Leben, weil das Leben etwas Veränderliches ist. Es ist jeden Augenblick etwas Fließendes. Als du diese Halle betratst, warst du jemand anders. Wenn du diese Halle verlässt, wirst du nicht der gleiche Mensch sein. Du bist nur dem Schein nach der gleiche Mensch. In diesen zwei Stunden verändert sich in dir so viel! Es ist wie der Ganges, der in zwei Stunden so viel Wasser meilenweit flussabwärts getragen hat ... obwohl er noch der gleiche Fluss zu sein scheint, ist es nicht mehr das Wasser, das noch vor zwei Stunden da war.

Heraklit sagt, dass das Leben ein Fließen ist, ein Fluss. „Und bedenke, du kannst nicht zweimal in den gleichen Fluss steigen – weil er nicht mehr der gleiche sein wird."

Die Menschen, die am meisten vom Glück verstehen, sind die, die im Einklang sind mit dem sich ändernden Leben, die sogar Seifenblasen lieben können, schillernd in der Sonne, kleine Regenbogen zaubernd. Das sind die Menschen, die am meisten vom Glück verstehen. Eure Heiligen kennen nur Unglück – seht euch nur ihre Gesichter an. Es scheint, das Leben ist aus ihnen gewichen – sie sind tote Fossilien. Nichts verändert sich in ihnen. Sie leben ein ritualisiertes Leben und sind Verdammer von allem, was sich ändert.

Warum wird Vergnügen verdammt? Weil es veränderlich ist. Warum wird Liebe verdammt? Weil sie veränderlich ist. Warum haben diese Religionen die Ehe an die Stelle der Liebe gesetzt? Darum, weil man der Ehe zumindest eine illusorische Dauer verleihen kann – durch Gesetze, durch Sitte, durch die Gesellschaft, durch die Angst vor Ehrverlust, durch die Angst, was aus unseren Kindern werden soll. Also haben sie es geschafft, etwas Dauerhaftes aus der Ehe zu machen.

Das ist der Grund, warum alle alten Religionen gegen Scheidung sind – weil Scheidung die Ehe wieder als etwas Undauerhaftes entlarvt: Sie ist änderbar.

Über Jahrtausende hin hat man kleine Kinder verheiratet. Es sind sogar Fälle überliefert, wo Kinder verheiratet wurden, die noch nicht einmal geboren waren, die noch im Mutterschoß waren. Zwei Familien vereinbaren: Wenn das eine Kind ein Junge und das andere Kind ein Mädchen wird, ist die Ehe abgemachte Sache. In Indien werden sogar noch heute sieben-, achtjährige Kinder verheiratet, obwohl das gegen das Gesetz ist. Aber es ist nicht gegen die Sitte.

Warum diese Eile, Kinder zu verheiraten, die nicht einmal wissen, was Heirat bedeutet, was überhaupt gespielt wird? Der Grund ist, dass die Heirat schon perfekt sein soll, noch bevor sie junge Erwachsene werden und sich in ihrem Herzen die Liebe regt, sodass sie, wenn die Liebe in ihrem Herzen aufsteigt, schon eine Frau haben, oder die Frau schon einen Mann.

Es ist kein Zufall, dass die Ehe mehr Unglück auf der Welt verursacht als irgendetwas sonst; denn sie zerstört die einzige Möglichkeit zum Glück – zum Glück der Liebe. Das Herz tanzt nie, und die Menschen leben und sterben, ohne die Liebe zu kennen.

Der Anblick von Seifenblasen, von Schmetterlingen, von Rosenknospen, die im Winde tanzen – das ist es, was das Herz zu Tränen und zu Gesang rührt. Die Tränen kommen aus Freude darüber, dass das Leben so lebendig ist, dass es gar nicht von Dauer sein kann – nur tote Dinge können von Dauer sein.

Kann dein Gott tanzen? Kann dein Gott lieben? Kann dein Gott singen? Kann dein Gott hinter Schmetterlingen herjagen? Kann dein Gott wilde Blumen sammeln, voller Freude, Tränen und Lieder? Denn so ein Gott stünde wirklich für das Leben, so ein Gott wäre nichts anderes als das Leben selbst.

Aus: Zarathustra – Ein Gott der tanzen kann

Die vier Schritte zur Liebe

LIEBE IST DIE BEGEGNUNG, DIE ORGASMISCHE BEGEGNUNG VON TOD UND Leben. Solange du die Liebe nicht kennst, hast du dein Leben verfehlt. Du wurdest geboren, du hast gelebt und du bist gestorben – aber du hast es verfehlt. Du hast es ungeheuer verfehlt, du hast es völlig verfehlt, du hast es absolut verfehlt – du hast das Intervall zwischen Leben und Tod verfehlt, die Erfahrung des Gipfels.

Um hinzukommen, muss man sich vier Stufen merken. Der erste Schritt: Sei *hierjetzt* – denn Liebe ist nur im Hier und Jetzt möglich. Du kannst nicht in der Vergangenheit lieben. Viele Leute leben nur in der Erinnerung – früher, da haben sie geliebt. Und es gibt andere, die in der Zukunft lieben – das ist auch nicht möglich. Das sind Mittel, um der Liebe auszuweichen, denn so liebst du entweder in der Vergangenheit oder du liebst in der Zukunft – dabei ist Liebe nur in der Gegenwart möglich; denn Leben und Tod begegnen sich nur in diesem Moment – in dem dunklen Intervall, das in dir ist. Dieses dunkle Intervall ist immer Gegenwart, immer Gegenwart, immer Gegenwart. Es ist niemals Vergangenheit und es ist niemals Zukunft.

Wenn du zu viel denkst – und Denken kommt immer aus der Vergangenheit oder geht in die Zukunft – werden deine Energien vom Fühlen abgelenkt. Fühlen ist hierjetzt. Wenn deine Energien in die Bahnen des Denkens fließen, dann hast du nicht mehr genügend Energien, um in deine Gefühle hineinzugehen – und dann ist Liebe nicht möglich.

Also der erste Schritt ist, *hierjetzt* zu sein. Zukunft und Vergangenheit bringen das Denken mit sich, und das Denken zerstört das Fühlen. Und ein Mensch, der zu sehr vom Denken besessen ist, vergisst nach und nach ganz, dass er auch ein Herz hat. Ein Mensch, der sich zu sehr dem Denken hingibt, gerät nach und nach auf einen Weg, wo das Gefühl nichts mehr zu melden hat.

Wer nicht auf das Gefühl hört, den lässt das Fühlen langsam im Stich. Millionen befinden sich in diesem Zustand und wissen nicht, was Herz bedeutet. Sie halten das Herz nur für eine Pumpe. Ihre ganze Konzentration ist im Kopf. Der Kopf ist aber nur ein Körperteil unter anderen; er ist notwendig, er ist ein gutes Instrument, aber er muss als Diener benutzt werden. Er darf nicht der Herr sein. Wenn erst einmal der Kopf der Herr ist und das Herz zurückbleibt, dann lebst du und stirbst du, aber du wirst nie wissen, was Gott ist, weil du nicht weißt, was Liebe ist.

Das gleiche dunkle Intervall, das dir zunächst als Liebe erscheint, wird, wenn du dich total darin verlierst, zu Gott. Liebe ist der Anfang Gottes – oder Gott der höchste Gipfel der Liebe.

Der zweite Schritt zur Liebe ist, dass du lernst, deine Gifte in Honig zu verwandeln. Denn viele Menschen lieben zwar, doch ist ihre Liebe stark verunreinigt durch Gifte – durch Hass, durch Eifersucht, durch Wut, durch Besitzansprüche … tausend Gifte haften eurer Liebe an. Liebe ist etwas sehr Zartes. Stellt euch dem gegenüber Wut, Hass, Besitzanspruch, Eifersucht vor: Wie soll die Liebe das alles überleben? Erst gehen die Leute in den Kopf und vergessen das Herz – das ist die Mehrheit. Dann gibt es eine kleine Minderheit, die noch ein wenig im Herzen lebt, aber nun begeht diese Minderheit einen anderen Fehler: Das kleine Licht der Liebe ist umstellt von Eifersucht, Hass, Wut … tausend Giften. Jetzt wird die ganze Reise bitter.

Liebe ist die Leiter zwischen Himmel und Hölle, aber eine Leiter ist immer eine zweiseitige Sache: Du kannst hinauf, du kannst hinuntersteigen. Wenn Gifte da sind, führt dich die Leiter nach unten – du landest dann in der Hölle, und nicht im Himmel. Und statt eine Melodie aus deinem Leben zu machen, wird ein scheußlicher Lärm daraus – Katzenmusik, Feierabendverkehr, das reinste Getöse, lauter Töne ohne Harmonie. Du bist nur einen Schritt vom Wahnsinn entfernt.

Als Zweites muss man sich also merken: Lerne, deine Gifte in Honig zu verwandeln. Wie lassen sie sich verwandeln? Dafür gibt es einen sehr einfachen Prozess. Von Verwandlung zu sprechen, ist eigentlich nicht richtig, weil du nichts dazu tust, du brauchst nur Geduld. Dies ist eins der größten Geheimnisse, das ich euch verrate. Probiert es aus: Wenn Wut aufkommt, dürft ihr gar nichts tun, einfach nur stillsitzen und sie beobachten – nicht unterdrücken!

Beobachtet sie nur, seid geduldig, seht nur zu, was geschieht… lasst sie kommen! Dies eine vergesst nicht: Handelt nie aus der Stimmung heraus, in der das Gift euch im Griff hat; wartet einfach. Wenn das Gift sich dann allmählich in sein Gegenteil verwandelt hat … und es gehört zu den fundamentalen Lebensgesetzen, dass alles immer in sein Gegenteil umschlägt. Genauso wie ich euch sagte, dass der Mann sich in eine Frau verwandelt und die Frau sich in den Mann verwandelt, genauso kommt es in euch zu periodischen Verwandlungen – der gute Mensch wird zum schlechten, der schlechte Mensch wird zum guten; der Heilige hat sündige Momente und der Sünder hat heilige Momente. Man muss nur warten.

Handle nicht, wenn die Wut die Oberhand hat, sonst wirst du es bereuen und eine Kettenreaktion auslösen und Karma verursachen. Nichts anderes bedeutet „Karma". Tu, was du willst – wenn es in einem negativen Moment geschieht, gerätst du in eine Kette, die kein Ende hat. Wenn du negativ bist und sofort handelst, wird auch der andere negativ, ist auch der andere bereit, sofort zu handeln – Negativität erzeugt mehr Negativität, Wut bringt mehr Wut, Feindseligkeit bringt mehr Feindseligkeit, und so geht es immer weiter ... und so haben sich schon Menschen über ganze Leben hin miteinander verstrickt.

Warte. Wenn du wütend wirst, ist das der Moment zum Meditieren. Vergeude diesen Moment nicht; Wut erzeugt eine ganz enorme Energie in dir! Sie kann zerstören; aber Energie ist neutral – die gleiche Energie, die zerstören kann, kann kreativ sein. Warte ab. Die gleiche Energie, die zerschmettern kann, kann Leben verströmen – warte einfach. Wartend, ohne etwas Bestimmtes zu tun, wirst du eines Tages überrascht sein über den inneren Wandel. Du warst voller Wut, und dann steigt und steigt die Wut und erreicht einen Höhepunkt ... und dann kippt das Rad. Und du siehst regelrecht, wie sich das Rad dreht und die Wut abflaut und die Energie frei wird und du jetzt in eine positive Stimmung kommst – die kreative Stimmung. Jetzt kannst du handeln. Nun handle.

Warte immer auf den positiven Moment. Und was ich sage, ist nicht Repression. Ich sage nicht, du sollst das Negative verdrängen. Ich sage: Beobachte das Negative. Merk dir den Unterschied – ein gewaltiger Unterschied. Ich sage nicht: setz dich auf das Negative drauf, vergiss das Negative, unternimm was dagegen – nein, das sage ich nicht. Ich sage nicht: Lächle, wenn du wütend bist – nein. So ein Lächeln ist falsch, hässlich, aufgesetzt. Lächle nicht, wenn du wütend bist, sondern schließe dann das Zimmer ab, halte dir einen Spiegel vors Gesicht, sieh dir selber dein wütendes Gesicht an. Du brauchst es keinem anderen zu zeigen. Es ist deine Sache, es ist deine Energie, es ist dein Leben, und du musst auf den richtigen Moment warten. Sieh immer weiter in den Spiegel, sieh das rote Gesicht, die roten Augen, den Mörder.

Ist dir jemals in den Sinn gekommen, dass jeder einen Mörder in sich hat? Du hast ebenfalls einen Mörder in dir. Glaube nicht, dass der Mörder sonst wo existiert – dass nur, wer einen Mord begeht, ein Mörder ist – nein, jeder hat das Potenzial, einen Mord zu begehen. Du bringst den Mord-Instinkt mit.

Sieh einfach in den Spiegel – das sind deine Wetterlagen. Du musst dich mit ihnen vertraut machen. Das gehört zum Wachstum der Selbsterkenntnis dazu. Wie oft habt ihr schon gehört, von Sokrates bis heute: „Erkenne dich selbst" – aber genau das ist der Weg, dich selbst kennen zu lernen. „Erkenne dich selbst" bedeutet nicht, still dazusitzen und vor sich hinzusagen: „Ich bin das Brahma, ich bin die Weltseele, ich bin Gott, ich bin dies und das" – alles Unsinn. „Erkenne dich selbst" bedeutet, all deine Wetterlagen zu kennen, all deine Möglichkeiten – den Mörder, den Sünder, den Verbrecher, den Weisen, den heiligen Menschen in dir; die Tugend, den Gott, den Teufel. Lerne alle Stimmungen kennen, die ganze Palette, und indem du sie kennen lernst, wirst du lauter Geheimnisse und Schlüssel entdecken.

Du wirst sehen, dass Wut nicht ewig währen kann – oder kann sie es etwa? Du hast es nie ausprobiert! Probiere du – sie kann nicht ewig da sein. Wenn du gar nichts tust, was passiert? Kann die Wut vielleicht immer und ewig andauern? Nichts dauert ewig. Das Glück kommt und geht, das Unglück kommt und geht. Siehst du nicht ein ganz einfaches Gesetz? – dass alles sich ändert, nichts permanent ist? Warum sich also überstürzen? Die Wut ist gekommen – sie wird auch wieder gehen. Warte du einfach, habe ein bisschen Geduld. Sieh einfach in den Spiegel und warte. Lass die Wut Wut sein, lass dein Gesicht hässlich und mörderisch werden – aber warte, schau zu.

Unterdrücke dich nicht und handle nicht so, wie die Wut es will, und bald wirst du sehen, dass das Gesicht weicher wird, die Augen ruhiger werden, die Energie sich ändert – Männliches verwandelt sich in Weibliches ... und bald wirst du von einem Strahlen erfüllt sein. Die gleiche Röte, die eben noch Wut war, ist jetzt ein gewisses Strahlen – eine Schönheit auf deinem Gesicht, in deinen Augen. Nun geh hinaus; die Zeit, zu handeln, ist gekommen.

Handle, wenn du positiv bist – aber zwinge die Positivität nicht herbei, sondern warte, bis die Positivität von selber kommt. Das ist das Geheimnis. Wenn ich sage: „Lerne, deine Gifte in Honig umzuwandeln", dann meine ich dies.

Und drittens: Teile. Was negativ ist, das behalte für dich. Was positiv ist, das teile mit andern. Normalerweise teilen die Leute ihre negativen Momente, sie teilen nicht ihre positiven Momente. Die Menschen sind einfach dumm. Wenn sie glücklich sind, dann teilen sie nicht, dann geizen sie sehr. Wenn sie unglücklich sind – dann sind sie sehr, sehr spendabel, dann sind sie allzu bereit, zu teilen. Wenn die Leute lächeln, lächeln sie sehr, sehr gemessen – nur gerade so viel, nicht mehr. Aber wenn sie wütend sind, sind sie rückhaltlos, total wütend.

Der dritte Schritt ist, alles Positive mit anderen zu teilen. Das wird deine Liebe wie einen Fluss strömen, aus deinem Herzen aufsteigen lassen. Der Vorbehalt deines Herzens wird schmelzen, wenn du teilst.

Ich habe einen sehr denkwürdigen Ausspruch von George Luis Borges gehört. Hört zu: „Gib das Heilige den Hunden zum Fraß, wirf deine Perlen den Säuen vor – denn was zählt, ist das Geben." Ihr kennt den Spruch nur andersherum: Wirf es nicht den Hunden zum Fraß vor, und wirf keine Perlen vor die Säue, weil sie nicht verstehen werden. Worauf es ankommt ist nicht, was du gibst; darauf kommt es nicht an. Worauf es ankommt ist, dass du gibst. Wenn du hast, gib.

Gurdjieff sagte immer: „Was ich behielt, ging verloren, und was ich gab, ist mein. Alles, was ich weggab, das habe ich immer noch, und alles, was ich behielt, ist verloren, ist fort." Wirklich – du hast nur das, was du mit anderen geteilt hast.

Liebe ist kein Eigentum, das gehortet, sondern eine Ausstrahlung, ein Duft, der verschenkt werden muss. Je mehr du verschenkst, desto mehr wird aus deinem Innersten nachquellen – Liebe ist unendlich: Es wird immer mehr nachsprudeln. Zieh Wasser aus einem Brunnen, und mehr Wasser kommt frisch in den Brunnen geflossen. Zieh kein Wasser mehr aus dem Brunnen, decke den Brunnen zu, werde geizig – und die Quellen werden versiegen. Nach und nach werden die Quellen sterben, verstopfen; und das Wasser, das im Brunnen ist, wird sterben, wird brackig und schmutzig werden. Nur fließendes Wasser ist frisch … nur fließende Liebe ist frisch.

Also ist der dritte Schritt, der zur Liebe führt: Teile deine positiven Momente mit andern, teile dein Leben, teile alles, was du hast. Alles Schöne, das du in dir hast – horte es nie. Deine Weisheit teile; deine Gebete teile, deine Liebe, dein Glück, deine Freude teile. Ja, und wenn du niemand finden kannst, dann teile mit Hunden – aber teile.

Teile mit Felsen – aber teile. Wenn du Perlen hast, dann wirf sie weg – und frag nicht erst, ob Schweinen oder Heiligen zu

Füßen, wirf sie einfach von dir. „Denn was zählt, ist das Geben."

Geizen vergiftet das Herz. Alles Geizen ist giftig. Wenn du teilst, wird dein Kreislauf frei von Giften. Und wenn du gibst, kümmere dich nicht darum, ob es erwidert wird oder nicht. Warte nicht einmal auf ein „Danke". Sei dem anderen dankbar, dass er dir erlaubt hat, mit ihm zu teilen. Nicht anders – warte nicht mit nagendem Herzen darauf, er möge dir dankbar sein, weil du etwas mit ihm geteilt hast. Nein – sei du dankbar, dass er bereit war, dir zuzuhören, deine Energie entgegenzunehmen ... dass er bereit war, sich dein Lied anzuhören ... dass er bereit war, sich deinen Tanz anzusehen ... dass er dich nicht abgewiesen hat, als du kamst, um ihm zu geben; er hätte dich abweisen können. Teilen ist eine der spirituellsten Tugenden, eine der größten spirituellen Tugenden.

Und das Vierte: Sei nichts. Wenn du einmal anfängst, zu meinen, du seiest jemand, dann versiegst du, dann hört die Liebe zu fließen auf. Liebe strömt nur aus dem, der niemand ist. Die Liebe hält sich nur im Nichts auf.

Wenn du leer bist, ist Liebe da. Wenn du voller Ego bist, verschwindet die Liebe. Liebe und Ego können nicht koexistieren. Liebe kann mit Gott zusammen existieren, aber nicht mit dem Ego, weil Liebe und Gott synonym sind.

Liebe und Ego können unmöglich zusammengehen. Sei also nichts. Nichts ist die Quelle von allem, nichts ist die Quelle der Unendlichkeit ... nichts ist Gott. Nichts bedeutet *Nirvana*.

Sei nichts – und indem du nichts bist, erreichst du das Ganze. Indem du etwas bist, verfehlst du es. Indem du nichts bist, kommst du zu Hause an.

Aus: The Divine Melody

Riskiere, sei mutig, liebe!

Ein fortschrittlicher Pädägogik-Professor sucht seinen Arzt auf. Im Wartezimmer sind zwei Kinder, die immer wilder toben. Plötzlich vergisst der Pädagoge all seine Prinzipien und schnauzt: „Ruhe jetzt, sonst könnt ihr was erleben!"
Verwundert steckt der Arzt den Kopf durch die Tür und sagt: „Sieh an, der kinderliebe Antiautoritäre!"
„Jawoll", bellt dieser zurück, „in der Theorie, aber nicht in Ihrer Praxis."

ES IST SEHR LEICHT, IN DER THEORIE ZU LIEBEN; DAS WIRKLICHE PROblem tritt in der Praxis auf. Und denke daran, solange du Menschen nicht liebst – konkrete, wirkliche Menschen –, ist all deine Liebe zu Bäumen und Vögeln Schwindel, reiner Hokuspokus.

Nur wenn du Menschen lieben kannst, kommst du in deinem Bewusstsein an einen Punkt, wo du auch Vögel und Bäume und Berge lieben kannst; aber das kommt erst später. Wenn du in eine Wirklichkeit nicht eindringen kannst, die dir so nah ist, wie kannst du da in eine Wirklichkeit eindringen, die so weit weg ist? Wie kannst du mit einem Stein kommunizieren? Ihr habt keine gemeinsame Sprache. Entweder musst du zu einem Stein werden oder der Stein muss zu einem Menschen werden, andernfalls ist die Entfernung zu groß – unüberbrückbar.

Schlage zuerst mit Menschen eine Brücke. Und ich weiß: Es ist möglich, einen Baum zu lieben, aber das kommt erst, wenn du Menschen so tief, so total geliebt hast, dass du Bäume in

Menschen gefunden hast – erst dann. Denn ein Mensch ist all dies gewesen, er trägt immer noch Spuren davon in seinem Unterbewusstsein oder in seinem kollektiven Unbewussten. Du bist einmal Baum, Vogel, Tier, Stein gewesen. Du bist alle Dinge gewesen, du bist Millionen Dinge gewesen, und all diese Erfahrungen sind immer noch in dir.

Der einzige Weg, mit dem äußeren Baum in Kontakt zu treten, ist der, zunächst mit dem Baum in Kontakt zu treten, der in einem Menschen ist.

Verliebe dich in Menschen. Riskiere es, sei mutig. Erfahre die Schmerzen der Liebe – und die Ekstasen. Geh tiefer in Menschen hinein, und bald wirst du herausfinden, dass kein Mensch bloß ein Mensch ist; ein Mensch ist Mensch plus die gesamte Existenz; denn ein Mensch ist die Endstufe der Evolution. All das, was der Mensch in der Vergangenheit gewesen ist, ist immer noch da – Schicht um Schicht.

Hast du nicht manchmal bei der Frau gespürt, dass sie eine Katze ist? Hast du nicht schon in die Augen einer Frau geschaut und plötzlich die Katze in ihr gespürt? Ohne je Katze gewesen zu sein, kann eine Frau keine Frau sein. Und du wirst auch die kläffende Hündin finden. Und dasselbe gilt für den Mann – du wirst den Wolf finden.

Alles, was existiert, hat der Mensch in seiner Evolution durchgemacht, genauso, wie du zuerst ein Kind warst und dann ein Jugendlicher geworden bist; glaubst du, deine Kindheit wäre vollkommen verschwunden?

Du magst jetzt alt sein, aber ist die Jugend ganz einfach aus dir verschwunden? Sie ist da; du hast nur eine neue Schicht dazubekommen. Fälle einen Baum, und du wirst im Innern des Baumes Schicht um Schicht finden. Auf diese Weise bestimmt man das Alter eines Baumes. Ist er sechzig Jahre alt, dann gibt es sechzig Ringe. Jedes Jahr wirft er seine Rinde ab und eine neue Schicht entsteht.

Wenn du einen Stein durchschneidest, hat der Stein Schichten. Wenn du tief in die Menschen hineingehst, dann wirst du Schichten finden, wie bei Bäumen und Steinen. Je tiefer du gehst, desto mehr wirst du entdecken, dass seltsame Dinge passieren. Wenn du dich im Liebesakt mit einer Frau vollständig fallen lassen kannst, wird es ein Liebesakt mit Tieren, Bäumen, Steinen, ja mit der Existenz selber sein.

Jedes einzelne Individuum ist eine kleine Welt. Ein Mikrokosmos enthält alles; er enthält das Ganze, den Makrokosmos; aber um die Menschen kommst du nicht herum. Du kannst nicht sagen: „Ich will Bäume lieben, aber keine Menschen." Dann können deine Bäume nicht echt sein, dann bist du ihnen nicht richtig begegnet. Zuerst wollen sie im Menschen geliebt sein, zuerst wollen sie im Menschen entdeckt sein. Nur dann lernst du ihre Sprache kennen.

Aus: The Wisdom of the Sands

Liebe ist eine sehr zarte Blume

Warum sind wir so liebesunfähig?

JEDES KIND WIRD MIT SO VIEL LIEBE GEBOREN, WIE MAN NUR HABEN kann, mit mehr Liebe, als man in sich fassen kann – mit überfließender Liebe. Ein Kind wird als Liebe geboren; ein Kind ist aus dem Zeug, das Liebe heißt. Aber die Eltern können keine Liebe geben. Sie haben ihre eigenen verschleppten Probleme – ihre Eltern haben sie nie geliebt. Sie können nur so tun, sie können nur von Liebe reden. Sie können sagen: „Wir haben dich sehr lieb", aber alles, was sie tun, ist völlig lieblos. Ihre Art, sich zu verhalten, ihre Art, das Kind zu behandeln, ist sehr verletzend; sie ist ohne Achtung. Kein Vater, keine Mutter achtet das Kind. Wer käme überhaupt auf den Gedanken, ein Kind zu achten? Ein Kind wird überhaupt nicht als Mensch angesehen. Ein Kind wird vielmehr als Problem angesehen. Solange es brav ist, gut; solange es kein Schreihals ist, kein Primärtherapeut – gut. Solange es den Eltern nicht im Weg steht – bestens, so muss ein Kind sein.

Aber da ist keine Achtung, und da ist keine Liebe. Die Eltern haben selbst nie erfahren, was Liebe ist. Die Mutter hat den Mann nie geliebt, der Mann hat die Frau nie geliebt. Es gibt keine Liebe zwischen den beiden, sondern Herrschsucht, Besitzenwollen, Eifersucht und lauter Gifte, die die Liebe zerstören. Liebe ist eine sehr zarte Blume. Sie muss geschützt werden, sie muss gestärkt werden, sie muss gewässert werden; nur dann kann sie kräftig werden. Und die Liebe des Kindes ist sehr zart – freilich, weil das Kind zart ist, sein Körper zart ist. Glaubt ihr vielleicht, ein Kind, das sich selbst überlassen bleibt, könnte überleben?

Vergesst nicht, wie hilflos der Mensch ist. Wenn ein Kind sich selbst überlassen bleibt, ist es praktisch unmöglich, dass es überlebt. Es wird sterben. Und genau das passiert mit der Liebe. Die Liebe wird im Stich gelassen. Die Eltern können nicht lieben, sie wissen nicht, was Liebe ist, sie haben nie genug Liebe bekommen. Denkt an eure eigenen Eltern. Und macht euch klar: Ich sage nicht, dass sie verantwortlich sind. Sie sind Opfer wie ihr – ihren eigenen Eltern erging es auch nicht anders. Und so weiter … Ihr könnt bis auf Adam und Eva zurückgehen, bis zu Gott … dem Vater.

Es scheint, selbst Gottvater war Adam und Eva gegenüber nicht sehr respektvoll, jedenfalls nicht respektvoll genug. Deshalb schrieb er ihnen vom ersten Moment an vor: „Tut dies" und „lasst jenes", und fing mit dem ganzen Unfug an, den alle Eltern machen. „Esst keine Frucht von diesem Baum…" und nachdem Adam von der Frucht gegessen hatte, reagierte der Vater, Gott, so wütend darauf, dass er Adam und Eva aus dem Himmel warf.

Diese Vertreibung lauert überall, und alle Eltern drohen ihrem Kind, es zu verstoßen, es hinauszuwerfen. „Wenn du nicht hörst, wenn du nicht folgst, wirst du hinausgeworfen." Und natürlich bekommt das Kind Angst. Ausgestoßen? In die Wildnis dieses Lebens?

Es fängt an, Kompromisse zu schließen. Nach und nach wird das Kind zum Sinnverdreher. Es fängt an, zu manipulieren. Es hat keine Lust, zu lächeln, aber wenn die Mutter kommt und es Milch haben will, lächelt es. Nun, das ist Politik – der Anfang, das ABC aller Politik.

Tief drinnen verspürt es Hass, weil es nicht geachtet wird; tief drinnen fühlt es sich frustriert, weil es nicht so, wie es ist, geliebt wird. Man erwartet von ihm bestimmte Dinge, und erst dann wird es geliebt.

Die Liebe wird von ein paar Bedingungen abhängig gemacht: Das Kind ist, so wie es ist, unwert. Erst muss es seinen Wert beweisen, dann wird die elterliche Liebe möglich. Also fängt es an, sich würdig zu erweisen, und fängt an, sich zu verstellen. Es verliert seinen Wert an sich. Sein Respekt vor sich selbst geht nach und nach verloren, es fängt an, sich unwert zu fühlen.

Und viele Male fragt sich das Kind: „Sind das meine wirklichen Eltern? Oder haben sie mich vielleicht adoptiert? Vielleicht täuschen sie mich, denn es scheint keine Liebe da zu sein." Und tausendmal sieht es die Wut in ihren Augen, die hässliche Wut in den Gesichtern der Eltern – und aufgrund so nichtiger Dinge, dass das Kind kein Verhältnis zur Sache erkennt. Wegen ganz minimaler Dinge sieht es die Eltern in Rage geraten – und kann es nicht fassen. Es ist ungerecht und unfair. Aber es muss alles über sich ergehen lassen, es muss sich beugen, es muss sich ins Notwendige schicken. Nach und nach stirbt seine Liebesfähigkeit.

Liebe gedeiht nur in Liebe. Liebe braucht ein Milieu der Liebe; das ist das allererste, was man sich merken muss: Nur in einem Milieu der Liebe gedeiht Liebe überhaupt. Sie braucht verwandte Schwingungen um sich her. Wenn die Mutter liebevoll ist, wenn der Vater liebevoll ist, nicht nur dem Kind gegenüber, wenn sie auch liebevoll zueinander sind, wenn das Zuhause eine Atmosphäre der Liebe hat, wo Liebe strömt, wird das Kind als ein Liebeswesen zu leben beginnen; und dann wird es nie die Frage stellen: „Was ist Liebe?" Das wird es von Anfang an wissen, das wird sein Grundstein sein. Aber das geschieht nicht. Es ist ein Unglück, aber das ist bis heute noch nicht geschehen. Und ihr lernt die Verhaltensweisen eurer Eltern: ihr Nörgeln, ihr Streiten. Beobachtet euch nur immer selbst. Wenn du eine Frau bist, beobachte: Mag sein, dass du fast haargenau die Art nachahmst, wie deine Mutter sich früher verhielt. Beobachte dich, wenn du mit deinem Freund oder deinem Ehemann zusammen bist. Was machst du? Wiederholst du etwa nicht? Wenn du ein Mann bist, beobachte! Was machst du? Wiederholst du nicht? Verhältst du dich nicht wie dein Pappi? Machst du nicht den gleichen Unsinn, den er früher immer gemacht hat? Und früher hattest du es nicht fassen können – „Wie kann mein Vater nur so was tun?" – und jetzt machst du das Gleiche …

Die Menschen machen immer wieder dasselbe; die Menschen sind Nachahmer; der Mensch ist ein Affe. Du imitierst deinen Papi oder deine Mami – und das muss aufhören. Nur dann wirst du wissen, was Liebe ist, andernfalls bleibst du verkorkst.

Ich kann nicht definieren, was Liebe ist, weil es keine Definition für Liebe gibt. Sie ist so wenig definierbar wie Geburt, wie Tod, wie Gott, wie Meditation. Sie ist eine von den undefinierbaren Größen – ich kann sie nicht definieren.

Der erste Schritt ist, dass du deine Eltern loswerden musst. Und damit meine ich nicht, dass du deine Eltern missachten sollst, durchaus nicht. Ich wäre der Letzte, der so etwas sagt. Und ich meine damit nicht, dass du deine leiblichen Eltern rauswerfen sollst – ich meine damit: Wirf deine inneren elterlichen Stimmen raus, dein inneres Programm raus, deine inneren Tonbänder raus. Lösche sie, und du wirst einfach erstaunt feststellen, dass du frei wirst, sowie du deine Eltern aus deinem

Inneren rauswirfst. Zum ersten Mal wirst du fähig sein, Mitleid für deine Eltern zu empfinden; andernfalls nicht – du wirst nachtragend bleiben. Jeder ist seinen Eltern gegenüber nachtragend.

Wie sollst du auch nicht nachtragend sein, nachdem sie dir so viel Schaden zugefügt haben – wenn auch unwissentlich? Sie wollten nur das Beste für dich, sie wollten alles für dein Wohl tun. Aber was können sie schon tun? Mit gutem Willen allein ist es nicht getan. Sie meinten es gut, das ist wahr. Darüber besteht kein Zweifel; jeder Vater, jede Mutter will für das Kind alle Freuden des Lebens. Aber was können sie machen? Sie haben selbst keine Freude gekannt. Sie sind Roboter. Und ob wissentlich oder unwissentlich, absichtlich oder unabsichtlich, sie schaffen eine Atmosphäre, in der das Kind früher oder später in einen Roboter verwandelt wird.

Wenn du Mensch und keine Maschine werden willst, wirf deine Eltern raus. Und du musst genau aufpassen. Es ist eine schwere Arbeit, eine mühselige Arbeit; du kannst es nicht auf Anhieb schaffen. Du musst sehr umsichtig in deinem Verhalten sein. Beobachte, wann deine Mutter „dran" ist und durch dich hindurch agiert. Kappe die Taue, nimm Abstand. Mach etwas völlig Neues, etwas, was sich deine Mutter nicht einmal hätte vorstellen können.

Zum Beispiel:

Dein Freund dreht sich um nach einer anderen Frau, voller Anerkennung in den Augen. Beobachte jetzt, was du tust. Tust du das Gleiche, was deine Mutter getan hätte, falls sich dein Vater anerkennend nach einer anderen Frau umgesehen hätte? Wenn du das tust, wirst du nie erfahren, was Liebe ist, sondern wiederholst einfach alte Geschichten. Es ist der gleiche Akt, nur von anderen Schauspielern inszeniert, mehr nicht, das

Gleiche, abgedroschene Drama, immer von Neuem inszeniert. Sei kein Imitator, spring raus. Mach etwas Neues. Mach etwas, was deiner Mutter nicht im Traum eingefallen wäre. Mach etwas Neues, was deinem Vater nicht im Traum eingefallen wäre. Dies Neue muss in dein Inneres dringen, dann kann deine Liebe zu fließen anfangen.

Der erste Grundpfeiler ist also, deine Eltern loszuwerden. Der zweite Grundpfeiler ist … Die Leute meinen, dass sie nur dann lieben können, wenn sie den Menschen finden, der es wert ist. Blödsinn! So wirst du nie einen finden.

Die Leute meinen, sie würden erst lieben, wenn sie einen perfekten Mann oder eine perfekte Frau finden. Blödsinn! So wirst du nie eine finden, weil es perfekte Frauen und perfekte Männer nicht gibt. Und falls es sie gibt, werden sie auf deine Liebe pfeifen. Sie werden nicht daran interessiert sein.

Ich habe von einem Mann gehört, der sein Leben lang
Junggeselle blieb, weil er auf der Suche nach der perfekten
Frau war. Als er siebzig war, fragte ihn jemand:
„Du bist überall herumgereist, von Kabul nach Kathmandu,
von Kathmandu nach Goa, von Goa nach Poona,
und überall hast du gesucht. Konntest du nirgends eine
perfekte Frau finden? Nicht mal eine einzige?"
Der alte Mann wurde sehr traurig. Er sagte: „Ja, ein einziges
Mal bin ich einer begegnet; einmal bin ich der perfekten
Frau begegnet."
Der andere sagte: „Und was ist dann passiert? Warum hast
du sie nicht geheiratet?"
Da wurde er noch trauriger und sagte: „Was soll man
machen? Sie war auf der Suche nach dem perfekten Mann."

Um in Liebe zu fließen und zu gedeihen, dazu bedarf es keiner Perfektion. Liebe hat nichts mit dem anderen zu tun. Ein liebender Mensch liebt ganz einfach, genauso wie ein lebendiger Mensch atmet, trinkt, isst und schläft. Ganz genauso liebt ein wirklich lebendiger Mensch, ein liebender Mensch. Du sagst ja auch nicht: „Solange die Luft nicht völlig rein und unverschmutzt ist, werde ich nicht atmen!" Du atmest selbst in Los Angeles weiter, du atmest weiter in Bombay. Du atmest auch überall da weiter, wo die Luft verschmutzt, vergiftet ist. Du atmest weiter. Du kannst es dir nicht leisten, nicht zu atmen, nur weil die Luft nicht so ist, wie sie sein sollte.

Wenn du hungrig bist, isst du etwas – egal was. In einer Wüste, wenn du vor Durst stirbst, wirst du alles trinken. Du bestehst nicht auf Coca-Cola; du nimmst einfach alles – alles Trinkbare, einfach Wasser, selbst schmutziges Wasser. Ein lebendiger Mensch liebt einfach. Liebe ist eine natürliche Funktion.

Als Zweites merkt euch: Verlangt keine Perfektion, sonst werdet ihr finden, dass keine Liebe in euch fließt. Im Gegenteil, ihr werdet sehr lieblos werden. Leute, die Perfektion fordern, sind sehr lieblose Leute – neurotische Leute. Selbst wenn sie eine Geliebte oder einen Liebsten finden können, erheben sie Anspruch auf Perfektion – und die Liebe wird durch diesen Anspruch zerstört.

Sobald ein Mann eine Frau liebt, oder eine Frau einen Mann liebt, werden sofort Ansprüche angemeldet. Die Frau fängt an zu fordern, der Mann solle perfekt sein. Nur weil er sie liebt! Als ob er damit eine Sünde begangen hätte! Von jetzt an hat er perfekt zu sein, von jetzt an muss er all seine Schwächen fallen lassen – nur wegen dieser Frau. Jetzt darf er nicht mehr menschlich sein. Entweder muss er übermenschlich werden oder er muss unecht, falsch, ein Betrüger werden. Natürlich, übermenschlich zu werden ist sehr schwierig, und so werden die Menschen lieber Betrüger. Sie fangen an, sich etwas vorzumachen, zu schauspielern und Spielchen zu spielen. Im Namen der Liebe spielen die Menschen einfach nur rum.

Merk dir, niemals Perfektion zu fordern. Du hast kein Recht, irgendwas von irgendwem zu fordern. Wenn dich jemand liebt, sei dankbar, aber fordere nichts – weil er keine Verpflichtung hat, dich zu lieben. Wenn jemand liebt, ist das ein Wunder. Sei fasziniert von dem Wunder. Aber die Leute sind nicht fasziniert. Lauter Nichtigkeiten zuliebe zerstören sie alle Möglichkeiten der Liebe. Sie sind nicht sonderlich an der Liebe interessiert – und an der Freude, die sie bringt. Sie sind mehr an anderen Egotrips interessiert. Nimm deine Freude wichtig. Alles andere ist unwesentlich.

Liebe so, dass es eine natürliche Funktion ist, so wie das Atmen. Und wenn du einen Menschen liebst, fange nicht an zu fordern; andernfalls verschließt du vom ersten Augenblick an gewisse Türen. Erwarte überhaupt nichts. Wenn dir etwas zufällt, sei dankbar. Wenn dir nichts zufällt, brauchst du auch nichts, besteht keine Notwendigkeit. Du darfst es nicht erwarten. Aber seht euch die Menschen an, seht wie selbstverständlich sie einander sind. Wenn deine Frau dir das Essen bereitet, dankst du ihr nie dafür.

Ich meine nicht, dass du dein Dankeschön verbalisieren solltest, aber es sollte sich in deinen Augen ausdrücken. Aber es ist dir egal, es ist dir selbstverständlich: Das ist schließlich ihre Arbeit. Von wem hast du das? Wenn dein Mann hingeht und Geld für dich verdient, dankst du ihm nie dafür. Du empfindest nicht die geringste Dankbarkeit: das ist schließlich die Pflicht des Mannes. So denkt ihr.

Wie kann da die Liebe wachsen? Liebe braucht ein Klima der Liebe, Liebe braucht ein Klima der Dankbarkeit, des Dankens. Liebe braucht eine Atmosphäre, in der nichts gefordert, nichts erwartet wird. Das ist das Zweite, was man sich merken muss.

Und das Dritte ist: Fang damit an, Liebe zu geben, statt darüber nachzudenken, wie du sie bekommst. Wenn du sie gibst, bekommst du; es gibt keinen anderen Weg. Die Menschen sind mehr daran interessiert, zu raffen und zu nehmen. Jeder ist interessiert am Nehmen, und niemand scheint Freude am Geben zu haben. Die Leute geben sehr widerstrebend; und falls sie je geben, geben sie nur, um zu bekommen, und sie verhalten sich fast wie Geschäftsleute. Es ist ein Kuhhandel. Sie schauen immer darauf, dass sie mehr bekommen, als sie geben – dass es ein guter Handel ist, ein gutes Geschäft. Aber der andere hält es genauso.

Liebe ist kein Geschäft, sei also nicht mehr so geschäftstüchtig. Andernfalls wirst du dein Leben, deine Liebe und alles versäumen, was schön daran ist; denn alles Schöne ist überhaupt nicht geschäftsmäßig. Geschäft ist das hässlichste von der Welt – ein notwendiges Übel. Aber die Existenz weiß nichts von Geschäften. Blumen blühen – das ist kein Geschäft. Sterne leuchten – das ist kein Geschäft. Und du brauchst auch nichts dafür zu bezahlen, und niemand verlangt etwas von dir. Ein Vogel kommt angeflogen und sitzt vor deiner Türe und singt ein Lied, und er wird dich nicht um ein Gutachten oder dergleichen bitten. Er hat das Lied gesungen, und danach fliegt er glücklich davon, ohne eine Spur zu hinterlassen. Genau so wächst Liebe. Gib, und kümmere dich nicht darum, was für dich dabei herausspringen wird.

Ja, es wird, es wird tausendfach etwas herausspringen, aber ganz natürlich, von selbst. Man braucht es nicht zu fordern.

Wenn du forderst, kommt es nie. Wenn du forderst, hast du es getötet. Gib also. Fang an zu geben. Am Anfang wird es schwer sein, weil du dein ganzes Leben dazu angehalten worden bist, nicht zu geben, sondern zu nehmen.

Zunächst wirst du mit deinen Panzerungen kämpfen müssen. Deine Muskulatur ist hart geworden, dein Herz ist erstarrt, du bist kalt geworden. Am Anfang wird es schwer sein, aber jeder Schritt wird zu einem nächsten Schritt weiterführen, und allmählich kommt der Fluss ins Fließen.

Als Erstes werde deine Eltern los. Indem du deine Eltern loswirst, wirst du die Gesellschaft los; indem du deine Eltern loswirst, wirst du die Zivilisation, das Bildungssystem, alles los – weil deine Eltern das alles repräsentieren. Du wirst individuell. Zum ersten Mal gehörst du nicht mehr zur Masse, besitzt du eine authentische Individualität, bist du für dich. Genau das heißt Wachstum. Genau so sollte ein erwachsener Mensch sein.

Ein erwachsener Mensch ist jemand, der keine Eltern braucht. Ein erwachsener Mensch ist jemand, der glücklich in seinem Alleinsein ist – sein Alleinsein ist ein Lied, eine Feier. Ein erwachsener Mensch ist jemand, der glücklich mit sich selbst sein kann. Sein Alleinsein ist nicht Einsamkeit, seine Vereinzelung ist Alleinheit, sie ist meditativ. Er ist völlig frei von elterlichen Prägungen. Und das Schöne ist, dass nur so jemand den Eltern gegenüber Dankbarkeit empfindet!

Das Paradoxe ist, dass nur so jemand seinen Eltern vergeben kann. Er empfindet Mitleid und Liebe für sie, er empfindet sehr stark für sie, weil sie genauso gelitten haben wie er. Er ist ihnen nicht böse, nein, nicht im Geringsten. Vielleicht hat er Tränen in den Augen, aber böse ist er nicht, sondern er wird alles tun, um seinen Eltern zu helfen, zur gleichen Fülle des

Alleinseins, zur gleichen Höhe des Alleinseins zu kommen. Werdet Individuen, das ist das Erste.

Das Zweite: Erwartet keine Perfektion, und bittet nicht und fordert nicht. Liebt gewöhnliche Leute. Nichts ist verkehrt an gewöhnlichen Leuten. Gewöhnliche Leute sind außergewöhnlich. Jeder einzelne Mensch ist ganz einmalig. Habt Achtung vor dieser Einmaligkeit.

Das Dritte: Gebt, und gebt bedingungslos – und dann werdet ihr wissen, was Liebe ist. Ich kann es nicht definieren: Ich kann euch den Weg zeigen, wie ihr sie züchten könnt. Ich kann euch zeigen, wie man einen Rosenstock pflanzt, wie man ihn wässert, wie man ihn düngt, wie man ihn schützt. Und eines Tages dann, aus heiterem Himmel, kommt die Rosenblüte, und dein Haus ist voll von dem Duft. Ganz genau so kommt die Liebe.

Aus: Sufis – The People of the Path

Ehe ist Prostitution

DAS WORT „LIEBE" KANN ZWEI ABSOLUT VERSCHIEDENE BEDEUTUNGEN haben – nicht nur verschiedene, sondern diametral entgegengesetzte. Die eine Bedeutung ist Liebe als Beziehung; die andere Bedeutung ist Liebe als Seinszustand.

In dem Augenblick, wo Liebe zur Beziehung wird, wird sie zur Fessel, denn es sind Erwartungen da, es sind Forderungen und es sind Frustrationen da – und auf beiden Seiten der Versuch, zu herrschen. Es wird ein Machtkampf.

Beziehung ist nicht das Richtige, zumindest nicht für meine Leute. Aber Liebe als Seinszustand ist ein ganz anderes Wort. Es bedeutet, dass du einfach liebst, du machst keine Beziehung daraus. Deine Liebe ist einfach wie der Duft einer Blume. Sie macht keine Beziehung daraus; sie verlangt nicht von dir, so oder so zu sein, dich so oder so zu verhalten, so oder so zu handeln. Sie fordert nicht. Sie teilt einfach. Und auch im Teilen steckt kein Verlangen nach irgendeiner Belohnung.

Das Teilen an sich ist die Belohnung. Wenn Liebe wie ein Duft für dich wird, dann hat sie ungeheure Schönheit, hat sie etwas, das weit über der so genannten Menschlichkeit steht. Sie hat etwas Göttliches. Wenn Liebe ein Zustand ist, kannst du nichts damit „machen". Sie wird leuchten, aber sie wird für niemanden zum Gefängnis, noch wird sie zulassen, dass du von irgendwem ins Gefängnis gesteckt wirst.

Beziehung als solche, ob echt oder eingebildet, ist eine sehr subtile Art psychologischer Versklavung. Entweder versklavst du den anderen oder du wirst selbst ein Sklave.

Ein weiterer Punkt, der festzuhalten ist, ist der, dass du nicht einen anderen versklaven kannst, ohne selbst ein Sklave zu werden. Sklaverei ist ein zweischneidiges Schwert. Der eine mag stärker sein, der andere mag schwächer sein, aber bei jeder Beziehung wirst du zum Gefängniswärter und der andere wird zum Gefangenen. Von seiner Seite aus ist er der Gefängniswärter und du bist der Gefangene. Und das ist einer der Hauptgründe dafür, warum die Menschheit ein solches Trauerspiel ist, in einem so trostlosen Zustand lebt.

Lass Liebe deinen Seinszustand sein. Nicht etwa, dass du dich verliebst, sondern du bist einfach liebevoll, es ist eben deine Natur. Für dich ist Liebe einfach der Duft deines Daseins. Selbst wenn du allein bist, bist du von liebender Energie umgeben. Selbst wenn du einen toten Gegenstand berührst, wie den Stuhl, regnet deine Hand Liebe – wen es trifft, spielt keine Rolle. Der liebende Zustand ist an niemanden adressiert. Aber du kannst nur dann im Zustand der Liebe sein, wenn du die alten Vorstellungen über Beziehungen aufgibst. Liebe ist keine Beziehung.

Zwei Menschen können sehr liebevoll zusammen sein. Je liebevoller sie sind, desto weniger ist eine Beziehung möglich. Je liebevoller sie sind, desto mehr Freiheit herrscht zwischen ihnen. Je liebevoller sie sind, desto geringer ist die Möglichkeit jeglichen Anspruchs, jeglicher Bevormundung, jeglicher Erwartung. Und natürlich ist jegliche Frustration ausgeschlossen.

Ich bin gegen alle Arten von Beziehungen. Ich mag zum Beispiel das Wort „Freundschaft“ nicht, aber ich liebe das Wort „Freundlichkeit“. Freundlichkeit ist eine innere Qualität, Freundschaft wird wieder zu einer Beziehung. Liebe ist so wertvoll, dass sie vor jeglicher Art von Verschmutzung, Verunreinigung, vor jeglicher Vergiftung geschützt werden sollte.

Beziehung vergiftet sie. Ich möchte, dass die Welt aus Individuen besteht. Selbst der Gebrauch des Wortes „Paar" tut mir weh. Damit habt ihr zwei Individuen zerstört, und ein Paar ist kein schöner Anblick.

Lasst die Welt nur aus Individuen bestehen, und wann immer eure Liebe spontan aufblüht, dann müsst ihr sie singen, tanzen, leben – macht keine Ketten daraus. Weder versucht, einen andern festzuhalten, noch lasst es zu, dass irgendwer euch festhält.

Eine Welt, die nur aus freien Individuen besteht, wird eine wirklich freie Welt sein. Einer der größten Bedürfnisse des Menschen ist es, gebraucht zu werden. Deshalb kann ich mir keine Zukunft vorstellen, in der es die Liebe nicht mehr geben sollte. Solange es Menschen gibt, wird ihre liebste Erfahrung die Liebe sein. Und sie ist etwas, was auf Erden zu haben ist, aber nicht zur Erde gehört. Sie gibt dir Flügel, dass du wie ein Adler an der Sonne vorbeifliegen kannst.

Ohne Liebe bist du ohne Flügel.

Aber gerade weil sie eine solche Nahrungsquelle und ein solches Bedürfnis ist, sind so viele Probleme um sie entstanden. Du möchtest, dass dir dein Liebster oder deine Liebste auch morgen erhalten bleibt. Heute war es so wunderschön, und da machst du dir Sorgen um morgen. So kam die Ehe zustande. Es ist einfach die Angst, dass dich vielleicht morgen dein Liebster oder deine Liebste verlässt – also mach besser einen Vertrag daraus vor der Gesellschaft und vor dem Gesetz. Aber das ist scheußlich – es ist absolut scheußlich, widerlich.

Aus Liebe einen Vertrag zu machen bedeutet, dass du das Gesetz über die Liebe stellst, bedeutet, dass du die kollektive Masse über deine Individualität stellst, dass du die Hilfe des Gerichts, des Militärs, der Polizei, der Richter in Anspruch nimmst, um deine Verbindung absolut hinter Schloss und Riegel zu bringen.

Morgen früh, wer weiß? Liebe kommt wie ein Lufthauch – vielleicht kommt sie wieder, vielleicht auch nicht. Und wenn sie nicht wiederkommt, dann sind fast alle Paare dieser Welt dazu verdammt, sich zu prostituieren – nur dem Gesetz, der Ehe, der Achtung der Gesellschaft zuliebe. Mit einer Frau zu leben, die du nicht liebst, mit einem Mann zu leben, den du nicht liebst – zusammenzuleben nur der Sicherheit wegen, der finanziellen Unterstützung wegen, oder aus sonst welchen Gründen außer Liebe, macht reine Prostitution daraus. Ich möchte, dass Prostitution vollständig von der Erdoberfläche verschwindet. Alle Religionen haben sich das gewünscht – dass es keine Prostitution geben möge! Aber daran sieht man wieder die menschliche Dummheit: Genau dieselben Religionen, die keine Prostitution haben wollen, sind die Ursache der Prostitution, weil sie auf der einen Seite die Ehe gutheißen und auf der anderen Seite gegen Prostitution sind.

Die Ehe selbst ist Prostitution. Wenn ich meiner Liebe vertraue, warum sollte ich dann heiraten? Der bloße Gedanke an Ehe ist Misstrauen. Und etwas, das aus Misstrauen entspringt, wird deiner Liebe nicht helfen, mehr in die Tiefe und Höhe zu wachsen. Es wird sie zerstören.

Liebe ist nur dann authentisch, wenn sie Freiheit gibt. Daran soll man sie erkennen. Liebe ist nur dann wahr, wenn sie sich nicht in die Privatsphäre des anderen mischt. Sie respektiert seine Individualität, seine Privatsphäre.

Aber die Liebespaare, die man überall auf der Welt antrifft, haben nur eins im Sinn – dass nichts privat bleiben darf. Es darf keine Geheimnisse geben. Sie haben Angst vor Individualität. Sie zerstören gegenseitig ihre Individualität. Und dann hoffen sie, dass sie, indem sie einander zerstören, zu einem zufriedenen und erfüllten Leben finden! Dabei werden sie einfach immer nur unglücklicher. Seid liebevoll und vergesst nicht: Alles Authentische ändert sich immer. Man hat euch die Fehlvorstellung eingehämmert, wahre Liebe währe immer. Eine echte Rose blüht nicht für immer. Ja, jedes lebende Wesen muss eines Tages sterben.

Die Existenz ist ständiger Wandel. Woher nur die Vorstellung, die fixe Idee, dass Liebe, um wahr zu sein, dauerhaft sein muss … und dass, wenn die Liebe eines Tages verschwindet, sich selbstverständlich daraus ergibt, dass sie nicht echt war?

Begreift: Die Liebe kam plötzlich, und nicht, weil du irgendeine Anstrengung deinerseits unternommen hattest; sie kam als ein Geschenk der Natur, und du hättest es damals sicher nicht angenommen, wenn du darüber besorgt gewesen wärest, dass sie eines Tages plötzlich wieder geht. Wie sie kommt, so geht sie.

Aber kein Grund zur Sorge – denn wenn eine Blume verblüht ist, werden andere Blumen nachkommen. Blumen wachsen immer nach, aber klammere dich nicht an eine Blume. Sonst hängst du bald an einer toten Blume fest. Und genau das ist die Wirklichkeit; die Menschen klammern sich an eine tote Liebe, die einmal lebendig war. Jetzt ist sie nur noch eine Erinnerung und ein Schmerz; und ihr steckt fest – dank Ansehen und Gesetz.

Karl Marx hatte den Gedanken, den richtigen Gedanken, dass es im Kommunismus keine Ehen mehr geben würde. Und nach der Revolution in Russland, in den ersten vier, fünf Jahren, versuchten sie es mit der freien Liebe. Aber dann wurden ihnen praktische Schwierigkeiten bewusst, die Marx nicht bedacht hatte – er dachte ja nur –, und das größte Problem war, dass ohne Ehe die Familie verschwindet. Und die Familie ist das Rückgrat, die eigentliche Stütze der Gesellschaft, des Staates. Wenn die Familie verschwindet, dann hat der Staat bald ausgedient. Und schon nach fünf Revolutionsjahren änderte die Kommunistische Partei in Russland ihre ganze Einstellung. Die Ehe wurde wieder gefördert, die Scheidung wurde zwar erlaubt, aber nur widerstrebend – alle erdenklichen Hindernisse wurden der Scheidung in den Weg gelegt, auf dass die Zelle der Familie bestehen bleibe; denn jetzt war ihnen der Bestand des Staates wichtig. Ohne Staat gibt es keine Politiker, keine Regierung mehr.

Und seitdem haben sie nie mehr davon gesprochen, dass es einer der Hauptgedanken von Marx gewesen war, dass die Ehe als Folge von Privatbesitz entstanden war, folglich also die Ehe auch wieder verschwinden würde, sobald der Privatbesitz verschwand. Kein Wort mehr davon. Ich habe mit Kommunisten gesprochen, aber sie sind in die gleiche Falle gegangen wie alle Religionen. „Das Kapital" von Karl Marx ist ihre Heilige Bibel, ihr Heiliger Koran geworden: man darf keine Silbe darin ändern.

Ich sagte: „Das ist wahr, aber ich sage ja nicht, ihr sollt es abändern, sondern euch daran halten." Sie halten sich aber nicht daran. Sie haben begonnen, es anzubeten. Das ist der alte Trick der Menschheit, um jede echte Revolution auf der Welt zu verhindern: Anbetung.

Ich möchte, dass es keine Familien gib, ich möchte, dass es keine Staaten gibt – ich möchte nicht, dass die Welt in Teile zerlegt wird. Ich möchte eine Welt aus lauter freien Individuen, die in spontaner Liebe leben, die in Stille leben, in Spiel, ohne alle Verdammung von Spaß, ohne alle Angst vor der Hölle – weil wir das Paradies hier erschaffen können. Wir haben absolut das Potenzial dazu, aber wir nutzen es nicht. Im Gegenteil, wir errichten jedes nur mögliche Hindernis, damit die Erde kein Paradies werden soll.

Ich bin nicht gegen die Liebe. Ich bin zu sehr für die Liebe, und gerade deshalb bin ich gegen Beziehungen, gegen Ehen. Es ist möglich, dass zwei Menschen ihr ganzes Leben zusammenleben. Niemand sagt, dass ihr euch trennen müsst, aber dieses Zusammenleben wird nur aus Liebe zueinander sein, ohne Einmischung und Verletzung der Individualität des anderen, seiner geheimsten Seele; das verlangt seine Würde.

Ich spreche von Liebe als einem spirituellen Phänomen, nicht als Biologie. Biologie ist nicht Liebe, sondern Wollust. Die Biologie ist am Weiterbestehen der Arten interessiert; die Idee der Liebe ist nur ein biologischer Bestechungsversuch. Sobald du mit einer Frau oder einem Mann geschlafen hast, merkst du plötzlich, dass du kein Interesse mehr hast, zumindest für vierundzwanzig Stunden. Und es kommt auf dein Alter an – mit zunehmendem Alter achtundvierzig Stunden, zweiundsiebzig Stunden …

Ein neuer Kommandant trifft im Stützpunkt der französischen Fremdenlegion ein und lässt sich vom Hauptmann alle Gebäude zeigen. Nachdem sie ihren Rundgang beendet haben, sieht der Kommandant den Hauptmann scharf an und sagt: „Augenblick, Sie haben mir nicht das kleine blaue Gebäude da drüben gezeigt. Was ist da drin?"
Der Hauptmann sagt: „Tja, Herr Kommandant, wissen Sie, da stellen wir das Kamel unter. Immer wenn unsere Männer den Wunsch nach einer Frau verspüren … "
„Schon gut!", sagt der Kommandant angewidert.
Etwa zwei Wochen später verspürt der Kommandant selbst

ein Verlangen nach einer Frau. Er geht zum Hauptmann und sagt, indem er seine Stimme senkt und verstohlen um sich blickt: „Sagen Sie, Hauptmann, ist das Kamel bald irgendwann zu haben?“

Der Hauptmann sagt: „Einen Augenblick bitte“, und öffnet sein Buch: „Jawohl, Herr Kommandant, das Kamel ist morgen Nachmittag um zwei Uhr zu haben.“

Der Kommandant sagt: „Merken Sie mich vor.“

Am nächsten Tag, Punkt zwei Uhr, geht der Kommandant zu dem kleinen, blauen Gebäude und öffnet die Tür. Drinnen sieht er das süßeste Kamel, das er je gesehen hat. Er macht die Tür zu.

Nach kurzer Zeit hört der Hauptmann ein mächtiges Gebrüll und Geschrei, rennt hinüber und stürmt in die Hütte. Er findet den Kommandanten nackt, mit Kamelhaar und Kot bedeckt.

„Pardon, Herr Kommandant“, sagt der Hauptmann, „aber wäre es nicht klüger, es wie die andern Männer zu halten und mit dem Kamel in die Stadt zu reiten, um sich dort eine Frau zu suchen?“

Aus: The Hidden Splendor

Der wahre Feind der Liebe

STATT ANGST - LEBE LIEBE! DAS SIND POLARE GEGENSÄTZE. NORMALERweise denken die Menschen, Liebe und Hass wären Gegensätze. Das ist falsch – es sind keine. Liebe und Hass sind dieselbe Energie, Liebe – Hass ist eine Energie.

Liebe kann zu Hass werden, Hass kann zu Liebe werden; sie sind umkehrbar. Sie sind also nicht gegensätzlich, sondern komplementär. Wirklich, wir lieben und wir hassen dieselbe Person. Beides geht immer zusammen. Es sind keine Feinde, es sind Freunde. Der wahre Gegensatz ist der zwischen Liebe und Angst. Die gehen nie zusammen; wenn du dich zu sehr an die Angst heftest, verschwindet die Liebe. Angst kann nicht in Liebe umschlagen, Liebe kann nicht in Angst umschlagen; sie sind nicht umkehrbar.

Nur Liebe macht dich reich. Angst lähmt und verkrüppelt, und je stärker die Lähmung, desto stärker wird die Angst – es ist also ein Teufelskreis.

Liebe gibt dir Flügel, sie hilft dir, dich ins Leben hineinzuentspannen, sie gibt dir Mut, das Leben immer neu zu erfahren. Sie erlaubt dir die gesamte Spannweite des Lebens, sie ist mehrdimensional. Sie ist der gesamte Regenbogen, alle Farben des Lebens zusammengenommen. Das Erste also: Gib die Angst auf und trinke mehr und mehr Liebe; ersetze Angst durch Liebe.

Und das Zweite: Orientiere dich am Himmel, am Unermesslichen, an Freiheit, an Unendlichkeit. Denk nicht an Kleinigkeiten, an Trivialitäten.

Angst denkt immer an Kleinigkeiten, Liebe denkt nie an Kleinigkeiten, Liebe ist bereit, alles zu opfern; Liebe denkt nur ans Unermessliche. Sie ist ein Adler im Flug, sie geht auf die Suche nach dem Unbekannten.

Aus: Don't Bite my Finger

Liebe dich selbst

Du lehrst den Menschen, sich um sich selbst zu kümmern, bevor er sich um andere zu kümmern versucht. Das scheint gegen viele Religionen der Welt gerichtet zu sein, die den Dienst an der Menschheit lehren, und es muss ihnen wie eine sehr egoistische Einstellung vorkommen.

DAS GEHT NICHT NUR GEGEN VIELE RELIGIONEN, DAS GEHT GEGEN ALLE Religionen der Welt. Sie alle lehren den Dienst am Nächsten, die Selbstlosigkeit. Für mich jedoch ist Egoismus eine natürliche Erscheinung. Selbstlosigkeit ist aufgezwungen. Egoismus ist Teil deiner Natur. Bevor du nicht so weit bist, dass dein Selbst eins wird mit dem Universum, kannst du nicht wahrhaft selbstlos sein. Du kannst nur blenden. Aber dann wirst du zum Heuchler, und ich möchte nicht, dass meine Sannyasins Heuchler sind. Es ist also ein bisschen kompliziert, aber doch verstehbar.

Zunächst: Egoismus ist Teil deiner Natur. Das musst du akzeptieren. Und wenn er Teil deiner Natur ist, muss er einen sehr wesentlichen Zweck erfüllen, sonst würde er gar nicht erst existieren. Du hast es deinem Egoismus zu verdanken, dass du überlebt und für dich gesorgt hast. Sonst wäre die Menschheit schon längst ausgestorben.

Stell dir ein selbstloses Kind vor, das ohne Egoismus geboren wurde. Es wird nicht überleben können, es wird zugrunde gehen – denn schon das Atemholen ist egoistisch. Essen ist egoistisch. Es gibt Millionen, die hungern, und du isst; es gibt

Millionen, die krank sind, die dahinsterben, und du bist gesund! Würde ein Kind ohne Egoismus als wesentlichem Bestandteil seiner Natur geboren, könnte es nicht überleben. Wenn sich ihm eine Schlange näherte, warum sollte es ihr aus dem Weg gehen? Lass sie ruhig beißen ... Es ist dein Egoismus, der dich davor schützt, sonst würdest du der Schlange in den Weg laufen.

Wenn dich ein Löwe anspringt und dich töten will, lass dich töten. Das ist Selbstlosigkeit. Der Löwe hat Hunger, du bist sein Fraß – wieso maßt du dir an, ihn zu hindern? Du solltest dich nicht wehren, du solltest nicht kämpfen. Du solltest dich einfach dem Löwen auf einem Teller servieren. Das ist Selbstlosigkeit. All diese Religionen haben Dinge gelehrt, die unnatürlich sind. Dies ist nur eines davon.

Ich lehre euch die Natur. Ich lehre euch, natürlich zu sein, völlig natürlich, ohne jede Scham natürlich. Ja, ich lehre euch Egoismus. Niemand vor mir hat das ausgesprochen. Keiner hatte den Mut, es auszusprechen. Und alle waren sie egoistisch! Das ist das Erstaunlichste an der ganzen Geschichte.

Warum kasteit sich ein Mönch? Er hat sein Motiv: Er will sich das Paradies verdienen, mitsamt allen Freuden, die es enthält. Er opfert nichts, er feilscht nur. Er ist ein Geschäftsmann, und in seinen Schriften steht: „Es wird dir tausendfach vergolten werden." Und dieses Leben ist ja so kurz – siebzig Jahre sind nichts! Wenn du also die Freuden von siebzig Jahren für die Freuden der Ewigkeit opferst, ist das ein gutes Geschäft. Ich finde das nicht selbstlos.

Und warum haben diese Religionen dich gelehrt, der Menschheit zu dienen? Was ist das Motiv? Was ist das Ziel? Was bekommst du dafür? Das hast du dich wahrscheinlich nie gefragt. Es ist keine Nächstenliebe. All diese Religionen, die von Nächstenliebe sprechen, sind fraglos daran interessiert, dass die Menschheit arm bleibt, dass die Menschen immer Hilfe brauchen, dass es Waisen gibt, dass es Witwen gibt, alte Leute, um die sich niemand kümmert, Bettler. Diese Menschen sind nötig, absolut nötig. Was würde sonst aus all diesen großartigen Helfern der Menschheit? Was würde sonst aus all diesen Religionen und ihren Lehren? Und wie soll man anders ins Reich Gottes kommen? Diese Menschen werden als Leiter benötigt!

Nennt ihr das Selbstlosigkeit? Ist ein Missionar selbstlos? Er rettet andere um seines eigenen Heils willen. Unten drunter steckt immer noch der Egoismus, doch nun hat er sich in ein schönes Wort verkleidet: Selbstlosigkeit, Dienst am Nächsten. Aber warum ist überhaupt ein Dienst am Nächsten nötig? Warum gibt es überhaupt Not?

Können wir diese Vorwände für die Nächstenliebe nicht einfach abschaffen? Wir können durchaus, doch die Religionen würden das sehr übelnehmen. Das ist ja gerade ihr Geschäft – wenn es keine Armen, keine Hungernden, keine Leidenden, keine Kranken mehr gibt, verlieren sie ihre Existenzgrundlage. Und die Wissenschaft kann das möglich machen. Es liegt heutzutage absolut in unserer Hand. Es hätte schon längst passieren können, wenn diese Religionen nicht jeden, der zu einem Wissen beitragen wollte, das alle Vorwände für die Nächstenliebe überflüssig gemacht hätte, daran gehindert hätten. Aber diese Religionen sind immer grundsätzlich gegen jeglichen wissenschaftlichen Fortschritt gewesen – und reden vom Dienst am Menschen!

Darum sage ich euch: Dienst am Nächsten ist ein Schmutzwort. Nehmt es nie in den Mund. Ja, ihr könnt mit andern teilen, aber demütigt nie einen anderen, indem ihr ihm euren

Dienst am Nächsten angedeihen lasst. Es ist Demütigung. Wenn du „einem Nächsten dienst“ und dich großartig fühlst... dann hast du den anderen zum kleinen Wurm reduziert, zum Untermenschen. Und wie hoch du über ihm stehst, dass du deine eigenen Interessen opfern kannst und den Armen hilfst! Du demütigst sie damit nur.

Wenn du etwas hast, etwas, das dich freut, das dir Frieden und Ekstase schenkt, teile es mit anderen. Und denk daran, dass, wenn du mit anderen teilst, dies ohne Motiv geschieht. Ich verspreche dir nicht den Himmel, wenn du teilst. Ich verheiße dir keinen Gewinn. Ich sage dir, dass du allein durch das Teilen ungeheuer erfüllt sein wirst. Im Teilen selbst liegt die Erfüllung, darüber hinaus gibt es nichts zu gewinnen – es ist kein Mittel zum Zweck. Es ist ein Selbstzweck.

Und du wirst dem Menschen dankbar sein, der zugelassen hat, dass du deinen Überfluss mit ihm teilst. Du wirst nicht finden, dass er dir dankbar sein sollte, denn du hast ihm nicht „gedient“. Und nur solche Menschen, die gern teilen, statt Dienst am Nächsten zu üben, können all diese Vorwände abschaffen, diese widerwärtigen Vorwände, die es überall auf der Welt gibt. Doch sie geben ihnen schöne Namen ... über Jahrtausende hin haben sie viel Geschick darin entwickelt, schrecklichen Dingen schöne Namen zu geben.

Wenn man anfängt, hässlichen Dingen schöne Namen zu geben, vergisst man möglicherweise selbst, dass man sie damit nur zugedeckt hat. Dahinter bleibt die Wirklichkeit dieselbe. Diener der Allgemeinheit, Missionare und dergleichen werden nicht gebraucht.

Wir brauchen mehr Intelligenz. Deswegen lehre ich Egoismus. Ich möchte, dass ihr vor allem erst einmal euer eigenes Aufblühen erlebt. Richtig, es wird den Eindruck von Egoismus erwecken – ich habe keinen Einwand gegen diesen Eindruck von Egoismus. Ich habe nichts dagegen. Aber ist die Rose egoistisch, wenn sie blüht? Ist die Sonne egoistisch, wenn sie scheint? Warum lässt du dir also graue Haare wachsen wegen Egoismus?

Du bist geboren. Deine Geburt gibt dir nur die Chance, nur den Anfang, nicht das Ende. Du musst zur Blüte kommen. Verschwende dein Leben nicht mit irgendeinem albernen Dienst am Nächsten. Deine erste und wichtigste Verantwortung ist, dass du aufblühst, völlig bewusst wirst, hell und wach wirst. Und aus diesem Bewusstsein heraus wirst du erkennen können, was du zu geben hast, wie du Probleme lösen kannst.

Und neunundneunzig Prozent aller Probleme der Welt können gelöst werden – vielleicht ein Prozent ist nicht zu lösen. Mit solchen Menschen kannst du teilen, was immer du mit ihnen zu teilen hast. Aber erst musst du überhaupt etwas haben, was geteilt werden kann. All diese Religionen haben bis heute der Menschheit nicht geholfen, auch nur ein einziges Problem zu lösen.

Prüft selbst, was ich sage: Haben sie auch nur ein einziges Problem gelöst? Dabei betreiben sie dieses Geschäft mit dem Dienst am Nächsten schon seit undenklichen Zeiten. Die Armen sind immer noch arm und werden zusehends ärmer. Es gibt immer noch Kranke, immer noch Altersschwache, immer noch alle erdenklichen Krankheiten, immer noch alle erdenklichen Verbrechen – und ihre Zahl nimmt ständig zu.

Jedes Jahr werden auf der Welt mehr Verbrechen begangen als im Jahr zuvor. Seltsam ... Immer mehr Gefängnisse, immer mehr Gerichte; sie meinen, sie wären dazu da, Verbrechen einzudämmen, dabei nimmt mit ihnen die Zahl der Verbrechen zu. Irgendwo ist da etwas absolut faul.

Was sie tun, geht völlig an dem Problem vorbei. Der Mensch, der ein Verbrechen begeht, ist kein Verbrecher, er ist ein kranker Mensch. Er braucht nicht ins Gefängnis geworfen und gequält zu werden, er muss in eine psychiatrische Klinik eingewiesen werden und dort versorgt werden, von Ärzten, rücksichtsvoll. Es war nicht seine Schuld.

Heute haben wir alle Mittel, dass dieser Mensch ein würdiges Wesen werden kann. Dienst am Nächsten ist nicht das, was wir brauchen. Was wir brauchen ist, dass du dein Bewusstsein mit anderen teilst – dein Wissen, dein Dasein, deine Ehrfurcht vor dem Leben – aber erstmal musst du das alles haben.

Ich halte es für das größte Problem der Menschheit, dass sie keine Ahnung von Meditation hat. Für mich ist das das größte Problem. Weder die Bevölkerungsexplosion, noch die Atombombe, noch der Hunger ... nein, das sind nicht die grundlegenden Probleme. Das alles lässt sich leicht durch die Wissenschaft lösen.

Das einzig grundlegende, wissenschaftlich unlösbare Problem ist, dass die Menschen nicht zu meditieren verstehen. Meinen Sannyasins sage ich: Denkt zunächst an euch selbst, einzig und allein an euch selbst. Blüht auf.

Erlangt eure Blüte und euren Duft, und dann teilt ihn mit anderen. Teilt ihn mit jenen Unglücklichen, die dasselbe Potenzial hatten wie ihr, aber denen das Leben keine Chance bot, nach innen zu gehen und einen Geschmack von ihrer eigenen Göttlichkeit zu bekommen. Ich bin gegen alle Religionen, denn für mich ist alles, was sie getan haben, absolut wertlos. Aber sie tun es mit schönen Worten und verstecken alles hinter schönen Worten.

Ich lehre euch, natürlich zu sein.

Und ich lehre euch, eure Natürlichkeit zu akzeptieren. Eins weiß ich sicher: dass, wenn ihr aufgeblüht seid, ihr mit anderen teilen werdet. Das ist ganz unvermeidlich.

Wenn die Blume sich öffnet, kann sie unmöglich ihren Duft für sich behalten und einsperren. Der Duft entweicht. Er dringt in alle Himmelsrichtungen.

Aus: From Unconsciousness to Consciousness

Ein reifer Mensch schenkt Liebe

Was wird aus Liebe, wenn es nichts und niemanden gibt, der sie erkennt und von ihr kostet?

DER MENSCH GELANGT IN DEM MOMENT ZUR REIFE, DA ER BEGINNT ZU lieben, statt Liebe zu brauchen; da er beginnt, sich zu verströmen, sich zu verteilen, sich zu verschenken. Der Unterschied ist riesig. Beim Ersteren liegt der Akzent darauf, wie du immer mehr bekommen kannst. Beim Letzteren liegt der Akzent darauf, wie du geben, wie du immer mehr geben, und wie du bedingungslos geben kannst. Daran erkennst du, dass du gewachsen, gereift bist.

Wie kann ein Bedürfnis Liebe sein? Liebe ist Luxus. Sie ist Überfluss. Liebe heißt, so viel Leben zu haben, dass du nicht weißt, wohin damit – also gibst du anderen davon ab. Liebe heißt, so viele Lieder im Herzen zu haben, dass du sie singen musst – einerlei ob jemand zuhört oder nicht. Selbst wenn niemand zuhört, musst du trotzdem singen, musst du deinen Tanz tanzen. Der andere mag es genießen, er mag es verpassen – was dich betrifft, so strömt es, strömt es über. Flüsse fließen nicht für dich, sie fließen, ob du da bist oder nicht. Sie fließen nicht für deinen Durst, sie fließen nicht für deine durstigen Äcker; sie fließen ganz einfach dahin. Du kannst deinen Durst stillen oder nicht – das liegt bei dir. Der Fluss ist nicht wirklich für dich geflossen, der Fluss floß einfach. Es ist Zufall, dass du das Wasser für deinen Acker bekommst, es ist Zufall, dass du das Wasser für deine Bedürfnisse bekommst.

Wenn du keine Liebe hast, bittest du den anderen, dir welche zu geben. Du bist ein Bettler. Und der andere bittet dich, ihm oder ihr Liebe zu geben. Da stehen also zwei Bettler mit ausgestreckten Händen voreinander und beide hoffen, dass der andere es hat … Natürlich fühlen sich beide am Ende enttäuscht und fühlen sich beide betrogen.

Nun, da liegt das Paradox: Wer sich verliebt, hat keine Liebe, deswegen verliebt er sich. Und da er keine Liebe hat, kann er keine geben. Und noch etwas: Ein unreifer Mensch verliebt sich in einen anderen unreifen Menschen, weil nur er die Sprache des anderen verstehen kann. Ein reifer Mensch liebt einen reifen Menschen. Ein unreifer Mensch liebt einen unreifen Menschen.

Das Grundproblem in der Liebe ist: Man muss zur Reife gelangen, erst dann wird man einen reifen Partner finden; dann ziehen dich unreife Menschen überhaupt nicht mehr an. So ist es einfach. Mit fünfundzwanzig Jahren verliebst du dich ja auch nicht in ein zweijähriges Baby; das tust du einfach nicht. Genauso verliebst du dich nicht in ein Baby, wenn du ein psychologisch und spirituell reifer Mensch bist. Das passiert nicht, das *kann* nicht passieren. Du siehst von vornherein, dass es keinen Sinn machen wird. So ein Verlieben wäre ein „Fallen".

Tatsächlich *ver*liebt sich ein reifer Mensch nicht in diesem Sinne, er „fällt" (engl. *falling in love*) nicht in die Liebe hinein, vielmehr „steigt" er zur Liebe auf. Das Wort „fallen" stimmt nicht. Nur unreife Menschen fallen; sie stolpern und fallen in die Liebe hinein. Mit Ach und Krach schaffen sie es, aufrecht zu stehen. Sie halten es aber nicht lange durch und können nicht senkrecht stehen bleiben – sie treffen eine Frau, und schon fallen sie auf die Nase; sie treffen einen Mann, und schon fallen sie auf die Nase. Sie waren jederzeit bereit, auf die Nase zu fallen und auf dem Boden zu kriechen. Sie haben kein Rückgrat, keinen aufrechten Gang, sie haben nicht die Integrität, allein dazustehen.

Ein reifer Mensch hat die Integrität, für sich zu sein. Und wenn ein reifer Mensch Liebe schenkt, schenkt er sie völlig bedingungslos – er schenkt einfach. Und wenn ein reifer Mensch Liebe schenkt, fühlt er sich dankbar, dass du sie akzeptiert hast, und erwartet nicht umgekehrt, dass du dafür dankbar bist – nein, absolut nicht, er braucht deinen Dank nicht. Er bedankt sich bei dir, dass du sie akzeptiert hast. Und wenn zwei reife Menschen sich lieben, kommt es zu einem der größten Paradoxe im Leben, zu einem der schönsten Phänomene überhaupt: Sie sind zusammen und doch unglaublich für sich; sie sind so nah zusammen, dass sie beinahe eins sind, und doch zerstört ihr Einssein nicht ihre Individualität, sondern verstärkt sie in Wirklichkeit noch; sie werden noch individueller. Zwei liebende, reife Menschen helfen einander, freier zu werden. Dabei gibt es keine Politik, keine Diplomatie, kein Bestreben, den anderen zu beherrschen. Warum sollte man den Geliebten beherrschen? Wenn du in dein wahres Zuhause gelangst, wenn du weißt, wer du bist, dann steigt aus deinem Inneren Liebe auf.

Dann strömt dieser Duft und du kannst ihn weitergeben. Wie kannst du etwas weitergeben, das du nicht hast? Zum Geben gehört als Voraussetzung, etwas zu haben.

Wie kann man Geschenke machen, wenn man nichts hat? Das hört und begreift ihr zwar, aber das Problem ist, dass ihr es mit dem Intellekt begreift. Wenn es euch bis ins Innerste gedrungen ist, wenn ihr gesehen habt, dass es tatsächlich so ist, dann gibt es da überhaupt keine Frage.

Dann werdet ihr eure Beziehungen, die alle auf Abhängigkeit beruhen, vergessen und anfangen, an eurem eigenen Inneren zu arbeiten: zu klären, zu reinigen, euer Innerstes wacher, bewusster zu machen. Damit fangt ihr dann an. Und je mehr ihr fühlt, dass ihr in euch zur Ganzheit gelangt, desto mehr wird euch bewusst, dass Hand in Hand damit die Liebe wächst – sie ist eine Begleiterscheinung.

Sie braucht nicht erkannt zu werden; sie braucht keine Anerkennung, keine Beglaubigung, niemanden, der von ihr kostet. Ein anderer mag sie zufällig erkennen – für die Liebe ist das ohne Bedeutung, sie wird weiterströmen. Kostet niemand von ihr, erkennt niemand sie, fühlt niemand sich durch sie beglückt, entzückt – die Liebe strömt weiter; denn es ist einfach ihr Strömen, was dich so unsäglich glücklich macht, was dich unsäglich erfreut. Ihr Strömen an sich ... wenn deine Energie strömt.

Du sitzt in einem leeren Raum, und die Energie fließt und füllt den leeren Raum. Niemand sonst ist da – die Wände werden sich nicht bedanken –, keiner bemerkt die Liebe, keiner kostet von ihr. Doch das ist völlig einerlei. Wenn du deine Energie strömen lässt, bist du glücklich. Die Blume ist glücklich, wenn ihr Duft die Lüfte erfüllt, einerlei, ob die Lüfte davon wissen oder nicht.

Ich bin. Ich bin – ob Jünger da sind oder nicht, das ist unwichtig – ich bin nicht abhängig von euch. Und mein ganzes Bemühen hier ist, dass auch ihr unabhängig werden könnt von mir. Ich bin hier, um euch Freiheit zu geben. Ich will euch in keiner Weise beschneiden; ich möchte, dass ihr nur ihr selbst seid. Und an dem Tag, an dem es passiert, dass ihr von mir unabhängig seid, werdet ihr mich erst wirklich lieben können – eher nicht.

Ich liebe euch. Ich kann nicht anders. Die Frage ist nicht, ob ich euch lieben kann oder nicht – ich liebe euch einfach. Auch wenn ihr nicht hier seid, wird dieses Auditorium von meiner Liebe erfüllt sein, es wird keinen Unterschied machen. Die Bäume hier werden immer weiter meine Liebe bekommen, die Vögel hier werden sie immer weiter bekommen. Und selbst wenn alle Bäume und Vögel sich auflösen, macht das keinen Unterschied – die Liebe wird immer weiter strömen. Liebe ist, also strömt Liebe.

Aus: Die tantrische Transformation

Die Sehnsucht nach ewiger Liebe

Tief in mir ist da die Sehnsucht nach der dauerhaften Liebe. Ist das albern?

LIEBE KANN IN ZWEI DIMENSIONEN EXISTIEREN: ENTWEDER ALS HORIzontale oder als Vertikale. Uns ist nur diejenige Liebe vertraut, die auf der Horizontalen liegt, welche zugleich die Dimension der Zeit ist. Die Vertikale ist die Dimension der Ewigkeit.

Die Sehnsucht im Herzen gilt nicht der Dauer; an dem Punkt hast du missverstanden. Doch dieses Missverständnis ist beinahe universell, denn wir kennen nur eine einzige Ebene: die horizontale, die Dimension der Zeit. In dieser Dimension gibt es nur zwei Möglichkeiten: Entweder ist etwas momenthaft oder dauerhaft.

Aber das Dauerhafte ist nichts anderes als viele Momente – auch das beginnt und endet. Die Dauer ist nicht ewig, sie kann es nicht sein. Nichts kann in der Zeit ewig sein. Was in der Zeit geboren ist, muss notwendig in der Zeit sterben. Wenn es einen Anfang gibt, gibt es auch ein Ende.

Und deine Liebe hat einen Anfang; sie beginnt in einem bestimmten Augenblick der Zeit. Dann muss sie einfach enden. Ja, sie kann früher oder später enden. Wenn sie schnell endet, dann nennt ihr das flüchtig; wenn es etwas länger braucht, bis sie endet, dann nennt ihr das dauerhaft. Aber auch die Dauer wird das Herz nicht zufriedenstellen, denn das Herz sehnt sich nach etwas, das überhaupt nicht endet, das immerwährend ist. Es ist die Sehnsucht nach Gott.

„Gott“ ist eine andere Bezeichnung für ewige Liebe. Aber der Verstand weiß nichts von Ewigkeit. Das Herz sehnt sich nach dem Ewigen, aber das Herz wird ununterbrochen vom Verstand interpretiert. Und der Verstand kennt entweder nur eine sehr kurzlebige Liebe oder eine etwas langlebigere Liebe.

Aber selbst wenn die Liebe ein bisschen länger lebt, wird immer die Angst da sein, dass sie zu Ende geht. Und deine Angst stimmt, sie wird enden. Ja, sie währt umso länger, je unintelligenter du bist. Wenn du sehr, sehr dumm bist und sehr, ja sehr unintelligent bist, dann wird es sehr lange dauern, bis du die Sinnlosigkeit des Ganzen verstehst. Wenn du sehr intelligent bist, kann es schnell enden, weil du einsiehst, dass nicht viel dran ist.

Je intelligenter einer ist, desto kurzlebiger wird seine Liebe sein – Liebe, wie ihr sie kennt. Deshalb wird die Liebe jetzt, wo die Menschheit intelligenter wird, zu einer kurzlebigen Sache. Früher war sie fast immer dauerhaft, etwas wie Scheidung gab es überhaupt nicht. In unterentwickelten Ländern gibt es so etwas wie Scheidung noch heute nicht. Je gebildeter, kultivierter und entwickelter ein Land wird, desto höher wächst die Scheidungsrate – genau im selben Verhältnis; aus dem einfachen Grund, weil die Leute sehen können, dass sie einander langweilig werden. Dann hat es keinen Sinn mehr, es hinzuschleppen, dann ist es besser, Schluss zu machen.

Aber der Verstand kann mit der einen Sache Schluss machen, und sofort eine andere Illusion nachschieben – wieder und wieder. Der Verstand ist ein Nicht-Lerner. Und der Verstand ist so mächtig geworden, dass nichts, was vom Herzen kommt, dich, dein Inneres, je erreicht, ohne schon vom Verstand interpretiert worden zu sein.

Das Herz sagt „Ewigkeit“ und der Verstand interpretiert

„Dauer". Genau an diesem Punkt gehst du am Wesentlichen vorbei; die Sehnsucht des Herzens gilt einer vertikalen Dimension – und zwar der Dimension der Meditation.

Die Sehnsucht deines Herzens ist kein Zeichen von Dummheit, aber du missverstehst sie. Du möchtest eine Liebe, die aus Meditation geboren ist, nicht eine, die aus dem Verstand geboren ist. Das ist die Liebe, von der ich ununterbrochen spreche. Das ist die Liebe, von der Jesus spricht: Diese Liebe ist Gott. Sie ist nicht deine Liebe; deine Liebe kann nicht Gott sein. Deine Liebe ist nur ein einprogrammiertes Phänomen; sie ist Biologie, sie ist Physiologie, sie ist Psychologie, aber sie ist nicht ewig.

Mein Vorschlag ist: Wenn du wirklich bereit bist, die Sehnsucht deines Herzens zu erfüllen, dann schlag dir alle Liebe aus dem Kopf. Dann meditiere zuerst, denn die Liebe wird aus der Meditation kommen. Sie ist der Duft der Meditation. Meditation ist die Blüte. Lass sie sich öffnen. Lass sie dir helfen, in die Dimension der Vertikalen hineinzukommen, in deinen Nicht-Verstand, in die Nicht-Zeit, und dann wirst du plötzlich sehen – der Duft ist da. Dann ist sie ewig, dann ist sie unbedingt. Kein Traum kann von Dauer sein, und deine Liebe ist ein Traum. Und der Verstand kann nur träumen. Er kann dir nicht die Realität geben.

Komm raus aus dem Verstand! Schlag dir alle Liebe aus dem Kopf. Du verstehst überhaupt nichts von Liebe – du kannst nichts von Liebe verstehen.

Nur durch Meditation wirst du die Dimension deines Daseins verändern: Statt horizontal wirst du vertikal werden. Statt in Vergangenheit und Zukunft zu leben … denn warum überhaupt Dauer?

Dauer bedeutet, dass du alles unter Dach und Fach haben möchtest, sogar die Zukunft. Du möchtest, dass es so bleibt, wie es ist, sogar in Zukunft – aber warum? Genau betrachtet muss es schon aus sein; erst dann nämlich beginnt man, über Dauer nachzudenken.

Wenn zwei Verliebte wirklich voll in der Illusion stecken, dann denken sie nicht über Dauer nach. Fragt ein beliebiges Liebespaar zur Zeit ihrer Flitterwochen – sie denken nicht über Dauer nach. Sie wissen, dass sie für immer zusammenbleiben werden! Aber sobald es anfängt, euch aus den Händen zu gleiten, sagt der Verstand: „Jetzt aber festhalten! Besiegelt die Sache! Tut alles, damit es andauert. Schaut nicht auf die Risse, die ständig größer werden. Seht nicht hin, guckt weg, vergesst sie einfach! Übertüncht sie immer wieder, haltet es irgendwie zusammen."

Aber da verlangt ihr das Unmögliche. Ich kann dich Meditation lehren, und aus Meditation wird eine neue Liebesqualität erwachsen. Dann ist es kein Firlefanz mehr. Dann ist es Weisheit, nicht Dummheit. Dann fällst du nicht in die Liebe hinein, sondern steigst zur Liebe auf. Dann hast du Liebe – als Eigenschaft.

Genauso wie Licht eine Flamme umgibt, umgibt dich Liebe. Du bist liebend, du bist Liebe. Dann hat sie Ewigkeit, ist sie an niemanden adressiert. Wer immer dir nahe kommt, wird aus ihr trinken. Wer immer dir nahe kommt, wird von ihr verzaubert. Ein Baum, ein Stein, ein Mensch, ein Tier, es spielt keine Rolle. Selbst wenn du ganz allein dasitzt … Buddha, der allein unter seinem Baum sitzt, strahlt Liebe aus. Es regnet ständig Liebe um ihn her, und die ist ewig. Und die ist die wahre Sehnsucht des Herzens.

Aus: Guida Spirituale

Sexenergie ist Lebenskraft

ALS ERSTES GILT ES, DIE SEXENERGIE ZU VERSTEHEN. SO WIE IHR SIE versteht, ist sie nur Teil – ein Teil, ein Bruchteil der Lebenskraft. Aber Tantra versteht darunter einfach nur dasselbe wie Leben. Nicht ein Teil, nicht ein Bruchteil, sondern das Leben selbst.

Wenn Tantra also „Sexenergie“ sagt, ist damit Lebensenergie gemeint. Und das Gleiche gilt für die Freudschen Vorstellungen von Sexenergie. Auch er wurde im Westen sehr missverstanden. Es schien den Leuten, als würde er das Leben auf Sex reduzieren. Aber er tat genau das, was auch Tantra schon lange vor ihm getan hatte. Leben ist Sex. Das Wort Sex ist nicht auf Reproduktion beschränkt. Das ganze Spiel der Lebensenergie ist Sex.

Reproduktion ist nur ein Teil dieses ganzen Spiels. Wo immer sich zwei Energien begegnen – negative und positive – kommt Sex ins Spiel. Es ist schwer zu verstehen. Zum Beispiel: Ihr hört mir zu. Wenn ihr Freud fragt, wenn ihr die tantrischen Meister fragt, werden sie sagen, dass Zuhören passiv ist, feminin. Sprechen ist männlich. Sprechen dringt in dich ein, und du bist empfänglich dafür. Zwischen einem Sprecher und einem Zuhörer geschieht ein Sexakt, weil der Sprecher versucht, in dich einzudringen und der Zuhörer dich empfängt. Die Energie im Zuhörer ist feminin geworden, und wenn der Zuhörer nicht feminin ist, wird es das Phänomen Zuhören nicht geben. Darum muss der Zuhörer total passiv sein. Er sollte nicht denken solange er zuhört, weil Denken ihn aktiv macht. Er sollte nicht im Inneren weiterargumentieren, weil Argumentieren ihn aktiv macht. Während er zuhört, sollte er einfach zuhören, nichts anderes tun. Nur dann kann die Botschaft eindringen und kann die Botschaft erhellt werden. Aber dann ist der Zuhörer weiblich geworden.

Kommunikation geschieht nur, wenn eine Partei männlich und eine andere Partei weiblich geworden ist. Sonst kann es keine Kommunikation geben.

Wann immer Positiv und Negativ sich treffen, hat sich Sex ereignet. Es mag auf der physikalischen Ebene sein – positive und negative Elektrizität treffen sich: Sex hat sich ereignet. Wo immer Pole zusammentreffen, Gegensätze sich begegnen, ist es Sex. Sex ist also ein sehr weiter, ein sehr geräumiger Begriff, er hat nicht nur mit Reproduktion zu tun. Reproduktion ist nur eines von vielen Phänomenen, die zum Sex gerechnet werden können.

Und Tantra sagt, wenn in dir der höchste Zustand von Seligkeit und Ekstase eintritt, bedeutet dies, dass deine eigene positive und negative Polarität zusammengekommen ist; denn jeder Mensch ist Mann und Frau. Denn du wirst nicht nur von der Frau oder vom Mann geboren, sondern du wirst aus der Begegnung der Gegensätze geboren. Dein Vater hat dazu beigetragen, deine Mutter hat dazu beigetragen. Du bist halb deine Mutter, halb dein Vater, und sie beide koexistieren in deinem Inneren. Wenn sie sich in dir begegnen, geschieht Ekstase.

Buddha, der unter dem Bodhi-Baum sitzt, befindet sich in einem tiefen inneren Orgasmus. Die inneren Kräfte haben sich getroffen, sind ineinander verschmolzen. Nun ist es nicht mehr nötig, außen eine Frau zu suchen, weil die Begegnung mit der inneren Frau stattgefunden hat. Und Buddha ist nicht abhängig, er ist lösgelöst von der Frau außen. Nicht deshalb, weil er gegen die Frau ist, sondern weil sich das Letztmögliche in ihm selbst ereignet hat. Jetzt braucht er nichts mehr. Ein innerer Kreis hat sich gerundet, jetzt ist er vollendet.

Darum tritt dann solche Anmut in Buddhas Gesicht, die Anmut der Vollendung. Jetzt fehlt nichts mehr, eine tiefe Erfüllung ist eingetreten, jetzt geht die Reise nicht mehr weiter. Er hat das letztmögliche Ziel erreicht. Die inneren Kräfte sind zur Begegnung gekommen – jetzt gibt es keinen Konflikt mehr. Das ist ein sexuelles Phänomen.

Meditation ist ein sexuelles Phänomen, darum sagt man, dass Tantra auf Sex beruht, sich am Sex orientiert ... Tatsächlich kann keine Meditationstechnik unsexuell sein, ihr müsst die Weite des Begriffes Sex verstehen. Wenn ihr das nicht versteht, dann werdet ihr verwirrt sein und Missverständnisse werden die Folge sein.

Wann immer also im Tantra von Sexenergie die Rede ist, ist damit der *„elan vital"* gemeint, die Lebensenergie selbst; das sind Synonyme. Und alles, was wir Sex nennen, ist nur eine Dimension der Lebensenergie.Es gibt andere Dimensionen, und das muss auch wirklich so sein. Du siehst ein Samenkorn sprießen, irgendwo blüht ein Baum, singen die Vögel – das ganze Phänomen ist sexuell. Es ist Leben, das sich auf alle mögliche Arten zum Ausdruck bringt. Wenn der Vogel singt, ist es ein sexueller Ruf, eine Einladung. Die Blume, die die Schmetterlinge und Bienen anzieht – sie ist eine Einladung, weil diese Bienen und Schmetterlinge die Samen der Fortpflanzung forttragen werden.

Sterne kreisen im Raum ... Niemand ist dem bisher nachgegangen, aber es ist eine der ältesten tantrischen Vorstellungen, dass es männliche und weib-liche Planeten gibt – sonst käme keine Bewegung zustande. Es muss so sein, weil Polarität dazugehört, weil der Gegenpol notwendig ist, um Magnetismus zu erzeugen. Planeten müssen männlich und weiblich sein, alles muss in diese beiden Polaritäten geteilt sein.

Und das Leben ist ein Rhythmus zwischen diesen beiden Gegensätzen – Abstoßung und Anziehung, Annäherung und Entfernung. Dies sind die Rhythmen.

Und Tantra redet von Sex, wo immer sich Gegensätze begegnen. Es ist eine sexuelle Erscheinung. Und wie du dahin gelangst, alle inneren Gegensätze zu vereinigen – das ist Aufgabe der Meditation. Und so sind alle 112 Methoden der Meditation sexuell. Es kann nichts anderes geben, da gibt es keine Möglichkeit. Aber versucht die Weite des Begriffes Sex zu verstehen.

Aus: Vigyan Bhairav Tantra

Mann und Frau ergänzen sich

Warum verhalten sich Männer und Frauen in der Sexualität so verschieden?

WEIL SIE VERSCHIEDEN SIND. SIE SIND SO VERSCHIEDEN WIE MÖGLICH. Sie sind polare Gegensätze. Die ganze Physiologie, Psychologie, jede Schicht des weiblichen Bewusstseins ist anders als beim Mann – nicht nur anders, genau entgegengesetzt. Das positive Sex-Zentrum ist an der Penis-Wurzel – so ist es beim Mann, nicht bei der Frau. Für Frauen ist das Sex-Zentrum negativ – und von einem negativen Zentrum kann die Energie nicht ohne weiteres aufsteigen...

Aber weil Mann und Frau so eng zusammenleben, vergessen sie immerzu, dass sie verschieden sind. Nichts ist gleich. Und es ist gut, dass nichts gleich ist. Nur deshalb können sie zu einem Energiekreis werden. Sie sind komplementär, sie passen ineinander. Aber dass sie ineinander passen, heißt nicht, dass sie gleich sind. Sie passen ineinander, weil sie nicht gleich sind.

Und immer, wenn zwei gleiche Arten von Körper und Geist versuchen, ineinander zu passen, ist das Perversion. Darum sage ich, dass Homosexualität Perversion ist. Im Westen wird sie immer vorherrschender. Jetzt glauben die Homosexuellen, sie wären progressiv: Sie haben ihre Clubs, Partys, Institutionen, Magazine, Propaganda, alles. Und ihre Zahl steigt. In manchen Ländern liegt sie um vierzig Prozent.

Früher oder später wird Homosexualität überall zur üblichen, zur normalen Verhaltensweise. Jetzt erlauben bestimmte

Staaten der USA sogar homosexuelle Ehen. Wenn die Leute darauf bestehen, muss man es erlauben, weil die Regierung dem Volk dienen muss.

Wenn zwei Männer zusammen eine Ehe führen wollen, sollte das niemanden kümmern, keiner sollte ihnen Hindernisse in den Weg legen. Es ist okay. Wenn zwei Frauen verheiratet zusammenleben wollen, ist das okay, das sollte niemanden kümmern. Es ist ihre Sache und niemand braucht sich einzumischen; aber ihre Vorstellungswelt über das absolute Grundmuster der menschlichen Energie und ihre Bewegungsabläufe ist völlig im Dunkeln. Homosexuelle können sich nicht spirituell entwickeln – äußerst schwierig. Ihr ganzes Muster der Energiebewegung ist gestört. Der ganze Mechanismus ist unter Schock, pervertiert. Und wenn jetzt die Homosexualität in der Welt überhand nimmt, dann müssen völlig andere, bisher unbekannte Meditationstechniken entwickelt werden, um ihnen zu helfen, meditativer zu werden.

Wenn ich sage, dass ein Mann und eine Frau Gegenstücke eines Ganzen sind, meine ich damit, dass sie komplementär sind. Und ihr gegenseitiges Ergänzen ist nur möglich, wenn ihre entgegengesetzten Pole sich treffen.

Seht es einmal so: Die Vagina ist der negative Pol im weiblichen Körper, und die Brüste sind der positive Pol. Dies ist die magnetische Achse: Der positive Pol bei den Brüsten, der negative Pol bei der Vagina. Für den Mann liegt der negative Pol bei der Brust und der positive Pol beim Penis. Wenn sich also die Brüste begegnen – männlich und weiblich –, begegnet sich Negativ und Positiv.

Und wenn sich im Koitus die Genitalien begegnen, begegnen sich Negativ und Positiv. Jetzt begegnen sich beide magnetischen Achsen an ihren entgegengesetzten Polen, und jetzt entsteht ein Kreis. Jetzt kann die Energie in Bewegung kommen.

Aber dieser Kreis kommt nur zustande, wenn eine Frau und ein Mann sich lieben. Wenn sie sich nicht lieben, dann begegnen sich nur ihre Sex-Zentren – ein positiver Pol trifft einen negativen Pol. Es findet ein Energieaustausch statt, aber linear. Ein Kreis kommt nicht zustande. Darum fühlt ihr euch ohne Liebe nie befriedigt.

Sex ohne Liebe wird nur zur Nebensache. Es ist keine Bewegung in der Tiefe. Energie bewegt sich, aber in einer Linie – es kommt zu keinem Kreis. Und erst wenn ein Kreis da ist, werdet ihr eins, nicht eher. Wenn ihr euch tief liebt, begegnen sich auch die Brüste, eher nicht. Der Sexakt ist rein physisch – zwei Energien treffen sich und zerreiben sich. Darum werdet ihr euch, wenn es nur Sex ist, früher oder später frustriert fühlen: Ihr vertut eure Energie und nichts ist gewonnen. Der Gewinn kommt erst, wenn ein Kreis entsteht. Wenn kein Kreislauf geschlossen wird, kommen beide Partner entladen daraus hervor, schwach. Sie haben Energie verloren. Es folgt der Schlaf, weil alles, was sie fühlen, nur Erschöpfung ist.

Bei dieser „einpoligen Begegnung" sind die Männer schlechter dran als die Frauen. Darum können Frauen Prostituierte werden – denn der positive Pol ist der Mann, die Frau ist der negative Pol. Die Energie fließt vom Mann zur Frau, nicht umgekehrt. Eine Frau kann also zwanzig oder dreißig Akte in einer Nacht durchführen – ein Mann kann das nicht. Ein Mann kann es nicht zwei Mal. Es kommt auf das Alter an, weil er seine Energie verliert und nichts zurückkommt. Für mich ist Prostitution nicht deshalb schlecht, weil es Prostitution ist, sondern weil ein Kreis unmöglich ist. Du wirst nicht aufgeladen, du verschleuderst nur deine Energie.

Wenn Liebe da ist, dann begegnen sich Mann und Frau an zwei Polen. Der Mann gibt der Frau und die Frau gibt es zurück. Das ist wechselseitig, gegenseitig.

Für Frauen ist es gut, wenn der Sexakt an der Brust beginnt – das ist ihr positiver Pol. Aus diesem Grund werden viele seltsame Dinge möglich. Der Mann will immer sofort in die Frau eindringen. Er ist nicht an Vorspiel interessiert, weil sein positiver Pol immer bereit ist. Und Frauen sind immer widerstrebend, sofort mit dem Sexakt zu beginnen, ohne jedes Vorspiel, weil ihr negativer Pol nicht bereit ist. Und er kann nicht bereit sein. Solange der Mann nicht an den Brüsten beginnt, die Frau zu lieben, wird der negative Pol nicht bereit sein. Sie kann einwilligen, aber sie wird nicht teilnehmen. Und der Mann glaubt, der Sexakt ist einfach. Warum Zeit verschwenden? Sofort in die Frau eindringen! – und nach fünf Minuten ist er fertig. Aber die Frau war unbeteiligt, sie war nicht erregt.

Darum sehnen sich Frauen danach, dass ihre Liebhaber ihre Brüste berühren mögen – ein tiefes Verlangen. Nur wenn ihre Brüste von Energie erfüllt sind, antwortet ihr zweiter Pol der magnetischen Achse, der negativ ist. Dann wird die Sache für sie lebendig, dann kann sie sich beteiligen, dann ist Kommunikation möglich – und dann wird sie schmelzen.

Vorspiel ist ein Muss. Ehen werden trocken, denn am Anfang, wenn du einer neuen Frau begegnest, spielst du zuerst mit ihrem Körper, weil du nicht sicher bist, ob sie dir sofort Zugang erlaubt; also spielst du. Du fühlst einfach vor, ob sie bereit ist. Aber wenn sie deine Frau ist, nimmst du sie als gegeben – du brauchst das nicht mehr. Die Frauen sind nicht deshalb mit ihren Männern so unzufrieden, weil ihre Männer nicht liebevoll wären – sie lieben nur falsch! Sie denken sich nicht, dass Frauen anders lieben, dass ihr Körper anders reagiert – genau umgekehrt wie ihr eigener. Diese Konzentration auf die Brüste, dies Hineinschmelzen, wird der Frau ein neues Gefühl geben, ein neues Gefühl von ihrem Körper, denn jetzt kann sie von ihrem Mittelpunkt her den ganzen Körper vibrieren fühlen. Einfach indem die Brüste einer Frau geliebt werden, kann sie zu einem tiefen Orgasmus gebracht werden, weil der negative Pol automatisch weiter reagiert.

Es gibt noch vieles mehr zu erwähnen. Wenn ihr an den Brüsten beginnt, über die Brustwarzen meditiert ... folgt nicht der Route, die ihr in Büchern gelesen habt, denn die ist für Männer gedacht. Ihr folgt einfach gar keinen Karten, sondern lasst der Energie freien Lauf. Es wird sich so abspielen, nur die kleine Anregung: dass ihr zuerst eure Brüste sich mit Energie füllen lasst, sie werden Energie ausstrahlen, sie werden heiß werden, und dann wird augenblicklich eure Vagina antworten.

Und erst wenn eure Vagina antwortet und vibriert, fängt die Sexenergie an, für euch, für die Frauen zu wirken. Und ihre Route wird anders sein, und die Art, wie sie aufsteigt, wird anders sein. Im Mann steigt sie sehr aktiv, sehr kraftvoll auf. Darum hat man sie in Indien Kundalini genannt – „die sich aufrichtende Schlange“. Sehr kraftvoll, plötzlich, mit einem Ruck, entfaltet sich die Schlange. Und sie wird an vielen inneren Punkten gespürt. Diese Punkte heißen Chakras.

Wo immer sie auf Widerstand stößt, zwingt sich die Schlange durch. Sie ist genau wie der Penis, der in die Vagina dringt. Der Weg der Schlange ist dem Mann vertraut. Wenn die Energie aufsteigt, ist es so, als würde der Penis innerlich aufsteigen. Und die Schlange ist ein phallisches Symbol. Eigentlich hat man die Sexenergie nur deshalb „Schlange“ genannt, um es nicht so direkt auszudrücken, um sie nicht Penis zu nennen.

Ihr müsst die Geschichte vom Garten Eden gehört haben,

wo die Schlange Eva dazu verführte, die Frucht vom Baum der Erkenntnis zu essen. Jetzt arbeiten Forscher daran und sagen, dass diese Schlange ebenfalls nur ein phallisches Symbol ist, das gebraucht wird, um es nicht direkt zu sagen. Es geht also in Wirklichkeit nicht darum, die Frucht der Erkenntnis zu essen – es geht um Sexualität. Das gleiche Symbol wurde in Indien benutzt: Die Schlange erhebt sich, genau wie der sich erigierende Penis, in Stößen – nur eben innerlich. Aber eine Frau empfindet es nicht auf diese Art. Ihr Gefühl wird genau umgekehrt sein.

Wenn eine Frau fühlt, dass der Penis in die Vagina eingedrungen ist – das Gefühl des Schmelzens, das Willkommenheißen, die Vagina, die nachgibt und die sehr, sehr zart dabei vibriert, eine sehr empfängliche Empfindung, liebevoll aufnehmend – dann geht das Gleiche Phänomen in ihrem Inneren vor sich.

Wenn ihre Energie aufsteigt, ist es ein empfangendes, passives Aufsteigen, so wie wenn ein Kanal sich öffnet – nicht wie eine Schlange, die aufsteigt, sondern wie eine sich öffnende Tür, ein sich öffnender Kanal, und wie etwas, das nachgibt. Es wird passiv und negativ sein. Beim Mann stößt etwas vor, bei der Frau öffnet sich etwas, stößt nichts vor. Aber kein Mensch hat diese Dimensionen bisher erforscht, noch nie, weil niemand die Frauen überhaupt in Betracht gezogen hat. Aber für die Zukunft halte ich das jetzt für ein Muss, und der weibliche Körper darf nicht mehr außer Acht gelassen werden. Viel Forschung und Arbeit ist nötig.

Aber es ist so schwer, diese Dinge zu erarbeiten, weil es so viel puritanischen, moralistischen Unsinn gibt. Das macht es so schwer, zu arbeiten und eine Orientierung zu gewinnen, wie der weibliche Körper in all diesen Dingen reagiert. Aber es wird so sein, wie mein Gefühl sagt: alles wird genau umgekehrt sein wie beim Mann. Es muss so sein. Es kann nicht dasselbe sein. Erst in der Erleuchtung ist es dasselbe.

Aus: Vigyan Bhairav Tantra

IHR ATMET VON DER BRUST HER. ÜBERALL AUF DER WELT GIBT ES NUR Brustatmung, die ein flaches Atmen ist. Vielleicht liegt es an der Angst vor dem Tod, dass ihr nicht aus dem Bauch atmet, denn wenn ihr vom Bauch her atmet, geht das Atmen tief hinunter zum Hara (dem Chakra unterhalb des Nabels), wo ihr den Tod berührt.

Aus Angst vor dem Tod haltet ihr euch ans flache Atmen. Vergesst nicht: Wann immer ihr Angst habt, wird euer Atmen flach werden. Wann immer euch Angst überkommt, werdet ihr nicht in der Lage sein, tief zu atmen, wird augenblicklich das Atmen flach. Jede Angst ist im Grunde eine Angst vor dem Tod. Das mag euch nicht so bewusst sein, aber euer Körper weiß, wo der Tod ist: Geh nicht in diese Richtung! Euer Körper ist weise, weiser als euer Verstand – muss es sein, denn der Verstand ist ein richtiger Neuankömmling.

Der Körper hat länger existiert als der Verstand, ist durch Millionen von Leben gegangen, bewusstlose Leben, und hat viel Weisheit gespeichert. Wann immer du Angst hast, hörst du zu atmen auf oder atmest sehr flach, aus Angst, dem Tod näher zu kommen. Tiefes Atmen absorbiert den Tod ins Leben, tiefes Atmen schafft eine Brücke zwischen Leben und Tod; die Angst verschwindet. Wenn ihr tief hinunter und durch den Bauch atmen könnt, dann wird die Angst völlig verschwinden ... Wenn ihr tief atmet, werdet ihr spüren, wie Ruhe den ganzen Körper durchströmt, eine Entspannung, ein nicht-verkrampftes Befinden.

Habt ihr je beobachtet, wie ein kleines Kind atmet? Es atmet vom Bauch her. Ihr könnt es beobachten und ihr werdet sehen: Es atmet vom Bauch her ... der Bauch hebt sich und senkt sich, und die Brust bleibt absolut unberührt, so als hätte die Brust gar nichts mit dem Atmen zu tun. Und sie hat nichts mit Atmen zu tun.

Aber es gibt viele Probleme: Die Angst vor dem Tod – du kannst nicht tief atmen, das Hara ist da. Und ganz nah am Todes-Chakra liegt das Lebens-Chakra, das ihr das Sexual-Zentrum nennt. Und auch das ist eine Angst. Wenn ihr tief atmet, dann steigt Sex hoch. Menschen also, die Angst vor dem Sex bekommen haben, können nicht tief atmen. Wenn ihr tief atmet, werdet ihr augenblicklich spüren, wie der verdrängte Sex wieder lebendig wird, wie er in eure Adern und euer Blut einzuströmen beginnt.

Und natürlich ist es so, wie es sein muss: Das Lebens-Zentrum muss genau neben dem Todes-Zentrum liegen. Hara, das Zentrum des Todes, und Sex, das Zentrum des Lebens, sind so nah beieinander, so eng, dass sie sich fast berühren – zwei Seiten der gleichen Medaille.

Das ist der Grund, warum die Menschen im Sex ebenfalls Angst haben, weil zugleich mit dem Sex der Tod zu pulsieren beginnt. Eine wirkliche Erfahrung des Sex ist auch eine Erfahrung des Todes: Du stirbst. Darum haben die Menschen eine solche Angst vor dem Sex, so viel Angst vor Frauen. Mir sind nicht viele Menschen begegnet, die keine Angst vor Frauen haben. Angst...! Die Frau hat dir die Geburt gegeben, sie muss auch deinen Tod mit sich führen.

Schaut euch die hinduistische Vorstellung von Kali, der Mutter Kali an. Sie ist beides: Leben und Tod, die Gebende und die Nehmende. Eine schöne Frau, aber schwarz, schwarz wie der

Tod. Eine schöne Frau, aber sehr gefährlich – so gefährlich, dass sie auf dem Körper ihres eigenen Gatten tanzt, ihn fast dabei tötet. Shiva liegt da, und sie tanzt auf seinem Leib und erdrückt ihn fast. Und sie trägt eine Girlande von Schädeln und in der einen Hand hält sie einen abgeschnittenen Kopf, frisches Blut tropft herunter.

Im Westen können sie nicht verstehen, warum eine Mutter so gefährlich sein soll, warum eine schöne Frau auf diese Art abgebildet werden muss, so gefährlich, so schrecklich, so grauenvoll. Die Hindus wissen es besser. Sie sind in das Mysterium des Lebens tiefer eingedrungen als irgendwer sonst. Sie wissen, dass Leben und Tod so nah beieinander liegen, so nah, dass sie fast eins sind. Und wenn das Sex-Zentrum zu pulsieren anfängt und seine Wellen durch deinen Körper schickt, fängt das Todes-Zentrum ebenfalls zu pulsieren an.

Darum ist „Orgasmus" zu einem bloßen Wort geworden. Ihr erreicht im Sex keinen Orgasmus – ihr könnt es nicht. Solange ihr euren Tod nicht akzeptiert, könnt ihr keinen Orgasmus erreichen, weil Orgasmus heißt, alle Kontrolle zu verlieren, Orgasmus heißt, allen Verstand zu verlieren, Orgasmus heißt, dass der gesamte Körper vor Ekstase pulsiert, mit jeder Faser und Zelle. Der ganze Körper feiert in einer unbekannten Seligkeit, und der Verstand ist nicht mehr der Kontrolleur und der Manipulator.

Der Mann kann nur einen lokalen Orgasmus erreichen – was nichts weiter ist als Ejakulation, überhaupt kein Orgasmus. Denn wo der Orgasmus anfängt, da bist du nicht mehr – da bist du von Leben und Tod zugleich besessen. Und die Angst überwältigt dich. Über Jahrtausende hin haben die Frauen keinen Orgasmus erlangt. Selbst heute in Indien sehe ich nicht, dass auch nur zwei Prozent aller Frauen zum Orgasmus kommen.

Erst in den vergangenen paar Jahren ist dem Mann bewusst geworden, dass Frauen ebenfalls zum Orgasmus kommen können – es ist etwas Unterdrücktes gewesen, denn wenn die Frau zum Orgasmus kommt, gerät sie so außer Rand und Band, dass sie zur Kali wird! Sie wird so verrückt vor Ekstase, dass sie anfangen könnte, dir auf der Brust herumzutanzen, und sie wird außer sich sein. Sie wird etwas anderes sein – eine Naturkraft, ein Wirbelwind, ein Sturm. Sie wird lachen und weinen, und niemand weiß, was geschehen wird. Die ganze Nachbarschaft wird wissen, dass eine Frau zum Orgasmus gekommen ist.

Und der Sex ist eine so positive Sache – wir haben etwas so Verstecktes und Heimliches daraus gemacht, das nur im Dunkeln passiert! Die Partner sehen einander nicht einmal, und die Frau ist dazu angehalten worden, absolut passiv, unbeweglich zu bleiben, aufgrund der Angst. Denn wenn sie erst einmal um die Schönheit weiß, völlig verrückt zu werden, wird sie unkontrollierbar sein. Es wird keinem Mann möglich sein, eine Frau zu befriedigen, weil eine Frau mehrfach Orgasmen erreichen kann, ein Mann dagegen nur einen. Eine Frau kann in Minuten mindestens sechs Orgasmen haben – zwischen sechs und sechzig. Es wird keinem Mann mehr möglich sein, eine Frau zu befriedigen, und sie wird deshalb so verrückt werden, weil sie so natürlich ist – es ist besser, sie zu unterdrücken. Sex ist unterdrückt worden als Teil des Todes.

Nur zwei Dinge sind auf der Welt unterdrückt worden – Sex und Tod. Und dies ist seit langem meine Beobachtung: Wenn immer eine Kultur den Sex verdrängt, verdrängt sie den Tod nicht allzu sehr – die Verdrängung des Sex genügt schon. Wenn immer eine Kultur den Tod verdrängt, braucht sie sich nicht die Mühe zu machen, den Sex zu verdrängen, weil es nicht nötig ist. Die Verdrängung des Todes genügt. Wenn man das eine verdrängt, wird beides verdrängt, weil beides zusammenhängt – und beides befreit werden muss. Erst dann lebt ihr, aber ihr lebt dann immer am Rande des Todes. Ihr werdet zum Sein, aber ihr werdet immer ins Nicht-Sein schauen.

Und das ist die Schönheit daran und auch der Schrecken. Tatsächlich sind alle natürlichen, schönen Dinge auch schrecklich. Gott ist nicht nur schön, Gott ist auch schrecklich. Er ist nicht nur ein Mysterium, er ist auch ein Tremendum; er ist nicht nur Leben, er ist auch Tod. Und sobald du entweder dein Sein oder dein Nicht-Sein aufgibst, lässt du die Brücken fallen. Dann kannst du die Existenz nicht erreichen. Sei wie die Existenz, nur dann ist die Brücke da. Dann bist du verbunden und mit ihr verknüpft.

Im Westen, nach Freud, haben sie dem Sex ein wenig Freiheit gelassen, aber jetzt haben sie dafür umso mehr den Tod verdrängt. Im Westen redet niemand vom Tod – als käme er nicht vor. Es gibt sogar Berufe, die sich mit dem Präparieren der Leiche beschäftigen, damit sie lebendig aussieht – angemalt, geschminkt. Eine Frau stirbt; ihr Gesicht wird bemalt, man benutzt Lippenstift, schöne Kleider, einen schönen Sarg, und sie wird getragen, als wäre sie nur tief eingeschlafen, nicht tot. Das ist die Angst vor dem Tod: Ihr wollt ihm nicht ins Gesicht sehen.

Friedhöfe werden vor die Stadt verlegt, und ihr stellt schöne Marmorsteine darauf. Ihr schmückt sie. Ihr schmückt den Tod, damit ihr ihn vermeiden könnt, damit ihr ihm nicht zu begegnen braucht – und der Tod ist die eigentliche Quelle des Lebens.

Nutze das Leben. Aber nutze auch den Tod; das ist die Botschaft. Nutze das Sein – nutze auch das Nicht-Sein. Und habe vor nichts Angst, denn nichts, was du hast, kann dir genommen werden. Und das, was du nicht hast, das hast du nicht; es ist dir schon genommen, du kannst es nicht lange behalten – und wenn du es behalten willst, behältst du nur eine Last.

Aus: Tao – The Three Treasures

Die Jagd nach dem Orgasmus …

WENN DU AN DEN ORGASMUS DENKST, WIRD ER ZUR ABSICHT, WIRD ER eher geschäftsmäßig – und dann wird Orgasmus zum Problem. Das ist das Dilemma: wenn du hinter dem Orgasmus her bist, wird er zum Problem, weil du nach ihm Ausschau hältst, nach ihm gierig bist, und nicht ganz bei der Sache bist. Dein Verstand schielt auf den Orgasmus. Du denkst daran, ob du es diesmal schaffen wirst oder nicht, und diese Angst lähmt das Sex-Zentrum.

Das Sex-Zentrum kann sich nur dann wirklich öffnen, wenn keine Angst da ist, wenn es nicht um Ergebnisse geht, wenn man nicht an eine Zukunft denkt, wenn die Tätigkeit nicht zielgerichtet ist, wenn du einfach nur spielst. Es ist schön, mit dem Körper eines anderen zu spielen und jemand andern mit deinem Körper spielen zu lassen. Einfach zwei Körper, die tanzen, singen, sich umarmen, sich streicheln, ist eine wunderschöne Symphonie – da braucht man nicht an Orgasmus zu denken. Und genau dann geschieht er! Das ist das Schöne daran: dann geschieht er! Aber ob er geschieht oder nicht, darauf kommt es nicht an. Vergesst ihn ganz einfach …

Wenn zwei Liebende in tiefem Orgasmus sind, verschmelzen sie ineinander; dann hört die Frau auf, Frau zu sein, und der Mann hört auf, Mann zu sein … es ist ein Zusammentreffen im Innersten, ein Sich-Auflösen, ein völliges Vergessen aller Identität. Das ist es, was die Liebe so anziehend macht. Was geschieht beim sexuellen Orgasmus? Wenn zwei Liebende zusammen sind … und vergesst nie: zwei Liebende, nicht

Ehemann und Ehefrau – denn unter Verheirateten kommt es fast nie dazu …

Im Osten, wo die Ehe seit Jahrtausenden Grundlage der Gesellschaft ist, haben die Menschen vollkommen vergessen, was Orgasmus ist. Im Westen sind einige wenige Frauen in den letzten paar Jahrzehnten darauf gekommen, dass der Orgasmus etwas ist, das die Mühe lohnt. Aber die meisten Frauen haben total vergessen, dass in ihren Körpern die Möglichkeit zum Orgasmus steckt.

Das ist eine der größten Katastrophen in der Geschichte der Menschheit. Und wenn die Frau nicht zum Orgasmus kommt, dann kann es der Mann im Grunde auch nicht, denn Orgasmus ist ein Verschmelzen von beiden.

Nur wenn zwei Menschen ineinander aufgehen, kommt es zum Orgasmus. Es ist also nicht möglich, dass der eine zum Orgasmus kommt und der andere nicht. Entladung, Ejakulation ist möglich; es kann dich vom sexuellen Druck befreien, aber das ist kein Orgasmus.

Was ist Orgasmus überhaupt? Orgasmus ist ein Zustand, in dem sich dein Körper nicht mehr wie Materie anfühlt; er vibriert wie Energie, wie Elektrizität. Er pulsiert aus unermesslichen Tiefen her, aus der Wurzel des Seins, und man vergisst vollkommen, dass er stofflich ist. Der Körper wird ein elektrisches Phänomen – und er ist tatsächlich ein elektrisches Phänomen.

Die moderne Physik sagt, dass es keine Materie gibt, dass alle Materie nur Schein ist; dass im Grunde, an der Wurzel der Existenz, nichts als Elektrizität existiert, also keine Materie. Im Orgasmus dringst du zu diesem tiefsten Kern deines Körpers vor, wo alle Materie aufhört und nur noch Energiequellen übrig bleiben; du wirst zu einer tanzenden, vibrierenden Energie. Plötzlich verlierst du alle Grenzen – es ist einfach ein Pulsieren, ein substanzloses Pulsieren. Und dein Partner pulsiert mit dir. Und nach und nach, je mehr sie sich lieben und sich gegenseitig hingeben, desto mehr geben sie sich diesem Augenblick des Pulsierens, des Vibrierens, der Auflösung in reine Energie hin, verlieren sie alle Furcht davor – obwohl es wie ein Tod ist.

Wenn der Körper seine Grenzen verliert, wenn der Körper sich wie in Dunst auflöst, wenn der Körper seine Substanz verliert, wenn nur Energie zurückbleibt, nichts als ein kaum spürbarer Rhythmus, dann siehst du, dass es dich nicht gibt.

Nur in tiefer Liebe kommst du an diesen Punkt. Liebe ist wie Tod: Was stirbt, ist dein materielles Bild von dir, du stirbst als das, was du für deinen Körper hältst; du stirbst als Körper und wirst zu Energie, zu Lebensenergie. Und wenn Mann und Frau, oder die Liebenden, oder die Partner, zu einem vibrierenden Rhythmus werden, dann vereinigen sich die Pulsschläge ihrer Herzen und ihrer Körper, dann werden sie zu einer einzigen Harmonie, zum Orgasmus, und beide sind nicht mehr.

Das ist die Bedeutung des Symbols von Yin und Yang: Das Yin dringt in das Yang ein und das Yang in das Yin; der Mann dringt in die Frau und die Frau in den Mann ein. Jetzt bilden sie einen Kreis und pulsieren gemeinsam, werden zu einem gemeinsamen Rhythmus. Ihre Herzen sind nicht mehr getrennt, ihre Herzschläge fallen zusammen; sie sind zu einer Melodie, zu Harmonie geworden.

Es gibt keine größere Musik als diese; alle anderen Formen der Musik sind nur schwache Echos, sind Schatten im Vergleich dazu. Diese Schwingung von Zwei-in-Einem ist Orgasmus. Wenn das Gleiche, nicht mit einem anderen Menschen, sondern mit der ganzen Schöpfung eintritt, dann ist es der „Große Orgasmus."

Aus: Tantra – Die höchste Einsicht

Suche nach dem Ort der Hingabe

IM WESTEN WIRD VIEL ÜBER DAS PHÄNOMEN SEX GEFORSCHT. DENN DIE Menschen werden immer unfähiger, tiefe Orgasmen zu erleben. Sie haben Sex, aber es kommt dabei keine Ekstase zustande. Sex ist zu einer langweiligen Angelegenheit geworden. Sie fühlen sich nur frustriert, sie fühlen sich nur geschwächt dadurch. Und dann wird Routine daraus, und sie wissen nicht, was sie machen sollen.

Die Bedeutung des Sex liegt im Orgasmus, im tiefen Orgasmus, der durch Sex zustande kommt. Wenn es nicht zum Orgasmus kommt, wird Sex leer und sinnlos, ja sogar schädlich. Viele psychologische Schulen arbeiten ständig an diesem Punkt: „Was ist mit dem Menschen passiert? Warum kommt er durch Sex nicht mehr zum Orgasmus? Warum gibt es so viel Unzufriedenheit?"

Und der Grund ist – alle Forschungsergebnisse weisen darauf hin –, dass der Mensch sich nicht hingeben kann. Das ist der Grund, warum er keinen Orgasmus erreichen kann. Selbst wenn ihr Liebe macht, wenn ihr tief im Sexakt seid, behält euer Verstand die Kontrolle. Ihr kontrolliert euch immerzu, ihr seid nicht gelöst.

Wenn ihr so viel Angst vor dem Loslassen habt – es steckt eine tiefe Angst dahinter, dass sich, wenn ihr loslassen würdet, die Sexenergie unkontrolliert bewegen könnte, und ihr wisst nicht, wohin sie euch führen kann. Ihr könntet verrückt werden oder ihr könntet sogar sterben. Das ist die Angst. Also behaltet ihr die Kontrolle. Ihr manipuliert ständig den Körper.

Diese Manipulation vom Kopf her erlaubt es dem Körper nicht, sich ganz in einem Energiefluss aufzulösen. Dann wird Sex zu einer lokalen Angelegenheit, dann ist nicht mehr der ganze Körper daran beteiligt, gerät nicht der ganze Körper in einen inneren Tanz – die Ekstase fehlt. Du verlierst Energie und gewinnst nichts dabei. So kommt es zwangsläufig zu Frustration.

Daher sagen die Psychologen, dass du so lange keine tiefe Ekstase erfährst, wie du nicht tief loslassen kannst, sodass der Verstand nicht mehr da ist und der Körper seinen eigenen Bewegungsfluss entwickelt, sich von seinen eigenen unbewussten Kräften bewegen lässt. Und dann bist du nicht da. Und diese Ekstase kann dir einen ersten Schimmer der höchsten Ekstase geben, die dann geschieht, wenn sich dein Ego völlig aufgibt, sich ins Göttliche, ins Universum hinein auflöst.

Samadhi, das höchste Ziel von allem Yoga und Tantra, ist ein tiefer Orgasmus mit dem Universum selbst, mit der Existenz selbst. Der Guru versucht dir nur zu helfen, dich an einen Punkt zu führen, wo du dich wenigstens in deinem Ego aufgeben kannst. Dann wird zwischen dir und deinem Meister eine tiefe Ekstase geschehen. Wann immer es zu einem Loslassen kommt, geschieht Ekstase – das ist das Gesetz.

Wenn du dich einem Guru hingeben kannst, dann hör auf niemanden. Selbst wenn die ganze Welt sagt, dass dieser Guru irrt, höre nicht darauf. Wenn du dich hingeben kannst, dann ist dieser Guru der richtige. Du wirst durch ihn einen ekstatischen Moment erleben. Und wenn die ganze Welt sagt, dass dieser Guru der richtige ist, du aber dich nicht hingeben kannst, ist es zwecklos für dich.

Wo immer du also das Gefühl hast, dich hingeben zu können, da ist dein Guru, dein Meister. Suche nach dem Ort, suche nach der Person, in deren Gegenwart du das Loslassen zulassen kannst, in deren Gegenwart du deinen Verstand, wenn auch nur für eine kurze Zeit, aufgeben kannst. Sobald diese Kraft erst einmal von außen in dich eintritt, wird dein Weg anders sein, wird dein Leben eine neue Wendung nehmen. Du kannst dich täuschen, du kannst dir einbilden, dass du dich hingegeben hast, und du weißt sehr wohl im Inneren, dass du dich nicht hingegeben hast.

Vergiss nicht: Du kannst niemanden täuschen, du kannst einen Meister nicht täuschen – er weiß. Und er wird dich so lange bedrängen, bis das Loslassen wirklich geschieht. Du kannst manövrieren, du kannst ein Spiel spielen, aber du kannst einen Meister nicht täuschen. Du kannst ihm deinen Kopf zu Füßen legen – diese Geste bedeutet nichts. Es mag nur eine oberflächliche Geste sein, du verbeugst dich nicht einmal.

Aber wenn ein wirkliches Verbeugen geschieht, dann kann der Meister arbeiten. Wann immer ich also sage: „Gib dich hin“ oder „Überlass es mir und ich kümmere mich darum“, dann meine ich es. Alles, was ich sage, ganz gleich, ich meine es wirklich. Ich will eine Lücke in dir aufreißen, ein Nichtfortsetzen der Vergangenheit. Sobald die Lücke da ist, wirst du früher oder später auf dich selbst gestellt weitergehen können. Doch bevor das geschieht, wirst du, wenn du auf dich selbst gestellt weitergehst, nur deine vergangene Geschichte weiter fortführen. Dann ist nichts Neues möglich. Damit das Neue geschieht, muss etwas von außen in dich eindringen, muss es dich auf einen neuen Weg bringen.

Aus: Vigyan Bhairav Tantra

Ohne sexuelle Gier ist Sex göttlich

SEID BEI ALL EUREN HANDLUNGEN MEDITATIV UND TOTAL, SELBST WENN es sich um Wut, Hass oder Sexualität handelt. Es ist einfach, sich vorzustellen, dass man seine Wut allein austobt, ohne dass irgendjemand anders anwesend ist, aber man kann auch ganz allein eine Sexorgie feiern, falls man meditativ bei der Sache ist, und danach hat man eine völlig andere Energie. Wenn du das nächste Mal allein bist, dann mach einfach die Tür zu und geh in den Sexakt hinein, als wäre ein Partner da. Lass es zu, dass dein Körper sich bewegt, sich windet und schreit, lass ihn tun, was immer er will, und sei total bei der Sache. Vergiss alles, die Gesellschaft, deine Hemmungen und so weiter. Geh allein und mit meditativem Bewusstsein in den Sex hinein, aber halte nichts von deiner Sexualität zurück. Wenn der andere da ist, ist auch die Gesellschaft gegenwärtig, denn der andere repräsentiert die Gesellschaft. Und es ist schwer, so sehr in der Liebe aufzugehen, dass man das Gefühl verliert, jemand anders sei da. Nur in tiefster Liebe, in tiefster Intimität, kann man mit seinem Geliebten zusammen sein, als wäre er oder sie nicht da.

Das ist es, was Intimität bedeutet: Wenn du mit deiner Geliebten oder deinem Liebhaber zusammen sein kannst, als wärst du allein im Zimmer, ohne jede Furcht vor dem anderen, dann kannst du total im Sex aufgehen. Andernfalls bist du durch die Gegenwart des anderen immer irgendwie gehemmt. Der andere beobachtet dich und du denkst: „Was soll er oder sie nur von mir halten, wenn ich mich aufführe wie ein wildgewordenes Tier?"

Vor ein paar Tagen kam eine Dame zu mir, um sich über ihren Mann zu beschweren.

Sie sagte: „Ich kann es nicht ertragen! Jedes Mal, wenn er mit mir schläft, benimmt er sich wie ein Tier."

Der Partner schaut dir zu: „Was machst du denn da?" Und da dir beigebracht wurde, dass du nur bestimmte Dinge tun darfst und andere nicht, bist du gehemmt, du kannst nicht total sein. Nur wenn ihr euch wirklich liebt, könnt ihr euch benehmen, als wärt ihr allein. Zwei Körper, die sich in Liebe vereinigen, schwingen in einem einzigen Rhythmus, und dann kann sich die sexuelle Energie ungehemmt entfalten. Das hat dann nichts mit Brutalität zu tun.

Brutalität ist immer abstoßend – aber Sex muss nichts Abstoßendes haben. Sex kann das Schönste sein, was es gibt – aber nur unter bestimmten Voraussetzungen. Wenn sich zwei Menschen vollkommen vereinigen, wenn zwei zu einem einzigen Rhythmus werden, ihr Atem eins wird, wenn sich ihre Lebensenergien zu einem Kreis geschlossen und sich die beiden Personen völlig aufgelöst haben, wenn ihre beiden Körper zu einem geworden sind, wenn es kein Positiv und kein Negativ, kein Männlich und kein Weiblich mehr gibt, dann ist Sex das Schönste, was es gibt.

Aber das ist meistens nicht der Fall, und wenn du keinen solchen Partner hast, kannst du deine Sexualität auch allein zu einem Höhepunkt der Raserei und Verrücktheit treiben – du musst dabei nur bewusst, das heißt, in meditativer Stimmung sein. Mach die Tür zu, geh in dich, und dann überlass dich ganz deinem Körper. Gib alle Kontrolle auf!

Ehepartner können bei so etwas sehr hilfreich sein. Besonders im Tantra können Ehepartner oder enge Freunde dir sehr viel weiterhelfen, sofern beide Partner an wirklich tiefen Experimenten interessiert sind. Dann gebt euch die Freiheit, euch total unkontrolliert zu verhalten, vergesst alle Zivilisation, als hätte es sie nie gegeben. Geht zurück in den Garten Eden und vergesst, dass ihr einmal vom Baum der Erkenntnis gegessen habt.

Seid wie Adam und Eva, bevor sie aus dem Paradies vertrieben wurden. Fallt in diesen Zustand zurück. Seid unschuldig wie die Tiere und agiert eure Sexualität total aus – dann werdet ihr nicht mehr die Alten sein. Dann passieren nämlich zwei Dinge. Als Erstes verschwindet alle sexuelle Gier. Eure sexuelle Energie bleibt euch erhalten, aber ohne jede Gier. Und ohne sexuelle Gier ist Sex etwas Göttliches.

Wenn die mentale Sex-Besessenheit verschwunden ist, wenn ihr nicht mehr über Sex nachdenkt, weil Sex eine simple und totale Handlung geworden ist, ein Aufwallen des gesamten Wesens, nicht nur des Kopfes, dann ist Sex göttlich. Zuerst verschwindet also die sexuelle Gier, und dann kann der Geschlechtstrieb als solcher allmählich transzendiert werden, denn wenn man die tieferen Dimensionen der Sexualität einmal kennen gelernt hat, kann man auch ohne Sex in diese Bereiche gelangen.

Doch diese tieferen Dimensionen sind euch bislang verschlossen geblieben, wie könnt ihr also dorthin gelangen? Den ersten kurzen Einblick hat man durch totales Aufgehen im Sex. Sobald diese Erfahrung gemacht wurde, kann man auch auf anderen Wegen dorthin gelangen. Du betrachtest vielleicht nur eine Blume und gerätst in dieselbe Ekstase, die du beim Orgasmus mit deiner Geliebten empfunden hast. Ein Blick auf den sternenübersäten Himmel genügt, um das Gleiche Gefühl in dir auszulösen. Sowie du den Weg kennst, weißt du auch, dass eigentlich alles in dir vorhanden ist. Deine Geliebte zeigt dir nur den Weg – und du zeigst ihr den Weg, aber es ist in dir. Der andere ist nur ein Auslöser, er kann dir nur dabei helfen, etwas kennen zu lernen, was schon immer in dir schlummerte.

Und genau das spielt sich zwischen einem Meister und einem Jünger ab. Der Meister ist nur ein Anreiz, das, was schon immer in dir schlummerte, ans Tageslicht zu bringen. Ein Meister gibt niemandem etwas – er kann euch nichts geben, weil es nichts zu geben gibt. Alles, was gegeben werden kann, ist nutzlos, weil nur Dinge gegeben werden können. Das, was nicht gegeben, sondern nur hervorgelockt, aus euch herausgelockt werden kann, ist das einzige, was Wert hat. Ein Meister provoziert euch einfach so lange, bis ihr an den Punkt kommt, an dem ihr etwas erkennt, was schon immer in euch war. Sobald man diese Erkenntnis gehabt hat, braucht man keinen Meister mehr.

Am Ende geht man über den Sex hinaus, aber zuerst verschwindet die sexuelle Gier. Dann wird Sex zur reinen, völlig unschuldigen Handlung. Allmählich verschwindet der Geschlechtstrieb als solcher, und dann ist man enthaltsam, ein *brahmacharya.* Dieser Zustand ist nicht das Gegenteil von Sexualität, sondern die Freiheit von aller Sexualität. Erkennt diesen Unterschied. Bis jetzt ist er euch noch nicht klar. Die alten Religionen verdammen Sex und Wut gleichermaßen, als wären beide das Gleiche oder gehörten zumindest derselben Kategorie an. Das ist nicht der Fall. Wut ist destruktiv und Sex kreativ. Sämtliche herkömmlichen Religionen verdammen Wut und Sex auf ähnliche Weise, als ob Wut und Sex, Gier und Sex, Eifersucht und Sex dasselbe wären. Das ist falsch.

Eifersucht ist immer destruktiv – immer! Sie ist nie schöpferisch, nichts kommt je dabei heraus. Auch Wut ist immer destruktiv, aber beim Sex ist es etwas ganz anderes. Sex ist der

Ursprung aller Kreativität. Die Natur, Gottes Natur, hat alle Dinge durch Sex hervorgebracht. Wollust, ja, die ist mit Eifersucht, Wut und Gier vergleichbar, denn Wollust ist immer zerstörerisch. Beim Sex liegt die Sache anders, aber wir wissen nicht, was reiner Sex ist – wir kennen nur Wollust.

Ein Mensch, der sich pornografische Fotos oder pornografische Filme anschaut, ist nicht an Sex interessiert, sondern daran, seine sexuelle Gier auszuagieren. Ich kenne Männer, die ihre Frauen erst lieben können, nachdem sie ein paar Porno-Magazine, Bücher oder Bilder angeschaut haben. Nur solche Bilder können sie noch in Erregung versetzen. Die Frau an ihrer Seite aus Fleisch und Blut bedeutet ihnen so gut wie nichts. Ein Foto von einer nackten Frau finden sie aufregender. Aber diese Erregung kommt nicht aus dem Bauch heraus, sondern aus dem Kopf, sie sitzt im Gehirn.

Sex im Kopf, das Nachdenken über Sex, ist Wollust. Sex auszuleben ist etwas ganz anderes. Wenn man seine Sexualität total auslebt, geht man über diese Stufe hinaus. Alles, was du total auslebst, führt dich darüber hinaus. Also habe vor nichts Angst, sondern lebe es aus! Und wenn du das Gefühl hast, dass du anderen damit Schaden zufügen könntest, dann lebe es allein aus. Lass die anderen aus dem Spiel.

Wenn es etwas Kreatives ist, dann frage einen Partner, einen Freund, ob er daran teilhaben will. Suche dir einen Partner – werdet zum tantrischen Liebespaar und geht zusammen in dieses Experiment hinein. Und wenn du jetzt noch das Gefühl hast, dass die Gegenwart des anderen dich hemmt, kannst du deine Sexualität auch allein ausleben.

Aus: Vigyan Bhairav Tantra

Lachen

Humor ist ein Grundpfeiler von Intelligenz

Eine smarte New Yorker Karrierefrau heiratet Jim, einen ausgesprochen gutgebauten, blendend aussehenden Bauernsohn aus dem Mittelwesten. Einzig mit seinen Essmanieren war sie unzufrieden und hatte ständig etwas daran auszusetzen. Während des Hochzeitsmahls mäkelt sie ständig an ihm herum, erinnert ihn, welches Besteck zu welchem Gang benutzt werden soll, wie man die Butter reicht, etc.
Schließlich waren die Gäste fort, und sie gingen ins Bett. Jim wälzte sich – völlig verunsichert – unruhig hin und her. Schließlich drehte er sich seiner Frischangetrauten zu und stotterte: „Kannst du mir bitte die Muschi reichen?“

IHR SEHT KEINE ESEL LACHEN, IHR SEHT KEINE WASSERBÜFFEL EINEN Witz genießen. Es ist allein der Mensch, der einen Witz genießen kann, der lachen kann. Eure Heiligen sind wie Wasserbüffel und Esel. Sie sind unter Menschenniveau gefallen, sie haben etwas verloren, das von ungeheurem Wert ist. Ohne Lachen ist ein Mensch wie ein Baum ohne Blüten.

Aber die Gesellschaft braucht ernste Leute: Präsidenten, Premierminister, Universitätsrektoren, Professoren, Päpste, Shankaracharyas, Ayatollahs, Imams, alle möglichen Priester, Steuereintreiber, Regierungsräte …

Jeder hat ernsthaft zu sein. Wenn sie einen Sinn für Humor haben, befürchtet die Gesellschaft, dass sie ihre Leistungsfähigkeit einbüßen. Wenn sie einen Sinn für Humor haben, würden sie menschlich werden. Sie haben genau wie Maschinen zu sein.

Die Art, wie Adolf Hitler läuft, ist mechanisch. Seht euch einfach seine Fotos an: wie er steht, wie er geht, wie er den Hitlergruß entgegennimmt, wie er selber grüßt. Es sieht fast maschinell aus, so als wäre er kein Mensch, sondern ein Roboter. Sein Gesicht, seine Gestik, alles ist roboterhaft, und er hat ganz Deutschland zu Robotern gemacht. Mehr als alles andere hat er Deutschland zerstört. Aber er hat eine sehr leistungsfähige Armee aufgebaut. Eine leistungsfähige Armee ist nur möglich, wenn die Menschen alle Intelligenz verlieren – mit allem, was Intelligenz beinhaltet.

Ein Sinn für Humor ist einer der Grundpfeiler von Intelligenz. Sobald du ihn verlierst, verlierst du auch Intelligenz. Je mehr du davon hast, desto intelligenter bist du.

Die Frage ist nicht, wie du einen Sinn für Humor entwickelst – du entfernst einfach nur die Hindernisse. Er ist schon da, er ist schon faktisch vorhanden. Du brauchst nur ein paar Steine zu entfernen, die deine Eltern, die Gesellschaft ihm in den Weg gelegt haben. Die Gesellschaft lehrt dich Selbstbeherrschung, und ein Sinn für Humor bedeutet Entspannung.

Ihr könnt nicht vor euren Eltern lachen, ihr könnt nicht vor euren Lehrern lachen, ihr könnt nicht vor euren Priestern lachen, ihr könnt nicht in den Kirchen lachen.

Und die Christen sagen, Jesus hätte nie gelacht. Ich kann das nicht glauben – er war doch kein Wasserbüffel! Er war einer der größten, intelligentesten Menschen, die je auf Erden gewandelt sind. Er muss gelacht haben, er muss es genossen haben. Er war weit mehr ein Mann dieser Erde als etwa Buddha. Er hat leidenschaftlicher und intensiver gelebt als je sonst ein Mensch, der erleuchtet war. Er liebte Frauengesellschaft; er hatte schöne Frauen als Jüngerinnen, sogar eine der berühmtesten Prostituierten jener Tage, Maria Magdalena. Er liebte das Essen, er liebte das Trinken. Er ist der einzige Erleuchtete, der Wein liebte. Ein wirklicher Mann! Und er genoss Festmähler ausgesprochen. Jeden Abend gab es ein Festmahl, und das Fest zog sich hin über Stunden.

Jesus war ein Mann der Erde. Er wiederholt häufig: „Ich bin der Menschensohn" – viel häufiger als etwa: „Ich bin der Sohn Gottes". Er ist der Erde näher als dem Himmel. Er ist eine sehr irdische Gestalt. Er muss gelacht, er muss genossen haben. Aber die Priester und die Päpste und die Kirchen sind sehr ernsthaft. Eine Kirche zu betreten ist wie einen Friedhof zu betreten. Man muss ernst, man muss zugeknöpft sein. All das muss fallen gelassen werden.

Lady Ashcroft in London gedachte, eine vornehme Abendgesellschaft zu geben, und stellte hierfür eine Bedienung ein, Giulietta, soeben aus Italien eingewandert. „Vergessen Sie ja nicht die Zuckerzange", befahl die Lady. „Es ist nicht sehr schön, wenn die Männer zur Toilette gehen, sich ihr ... hm ... rausholen und wieder zurücktun und danach dann die Zuckerstückchen mit den Fingern aufnehmen müssen."

„Si, Madam", antwortete das italienische Mädchen.

Später, als alle Gäste gegangen waren, sagte Lady Ashcroft: „Miss Giulietta, ich dachte, ich hätte Ihnen klare Anweisung gegeben, die Zuckerzange auszulegen!"

„Ich schwöre bei Gott, ich habe sie hingelegt!"

„Nun, ich habe sie nirgends auf dem Tisch gesehen."

„Auf dem Tisch? Ich hab sie auf die Toilette gelegt!"

Guiseppe schenkte seinem Sohn Aldo vor der Hochzeit zweihundert Dollar. Zwei Wochen später fragte er ihn:
„Was hast du gemacht mit den Dollars?“
„Ich hab mir eine Armbanduhr gekauft, Papa“, antwortete der Junge.
„Stupido!“, schrie der Vater. „Hättest du lieber ein Gewehr gekauft!“
„Ein Gewehr! Um Himmels willen, wozu denn?“
„Was, wenn du eines Tages nach Hause kommst und deine Frau mit einem andern Mann im Bett liegt? Willst du ihn aufwecken und ihm sagen, wie spät es ist?“

Aus: Guida Spirituale

Durch Lachen werdet ihr in Gott eingehen

DAS GANZE LEBEN IST EIN GROSSER KOSMISCHER WITZ. ES IST NICHTS Ernstes. Nimm es ernst, und du wirst es ständig verfehlen. Verständlich wird es erst durch Lachen.

Habt ihr noch nie beobachtet, dass der Mensch das einzige Wesen ist, das lacht? Aristoteles hat gesagt, der Mensch ist das einzige rationale Wesen. Das kann nicht wahr sein – denn auch Ameisen sind sehr rationale Wesen, Bienen sind sehr rational.

Ja, verglichen mit Ameisen erscheint der Mensch geradezu irrational. Und ein Computer ist sehr rational – verglichen mit einem Computer ist der Mensch sehr irrational.

Meine Definition des Menschen ist, dass der Mensch das lachende Wesen ist. Kein Computer lacht, keine Ameise lacht, keine Biene lacht – nur der Mensch kann lachen.

Das ist die höchste Stufe der Evolution, und nur durch Lachen werdet ihr in Gott eingehen – weil ihr nur über die höchste Stufe in euch zum Letztendlichen gelangen könnt. Lachen muss eure Brücke werden.

Aus: The Book

Sei in der Welt, aber nicht von der Welt

LACHEN IST DIE EIGENTLICHE ESSENZ VON RELIGION. ERNSTHAFTIGKEIT ist niemals religiös – kann gar nicht religiös sein. Ernsthaftigkeit ist Teil des Egos, Teil der eigentlichen Krankheit. Lachen ist Egolosigkeit.

Ja, es gibt wohl einen Unterschied zwischen eurem Lachen und dem Lachen eines religiösen Menschen. Der Unterschied ist, dass ihr immer nur über andere lacht; der religiöse Mensch lacht über sich selbst oder über die ganze Lachhaftigkeit des menschlichen Daseins. Religion kann nichts anderes sein als eine Feier des Lebens. Und der ernsthafte Mensch ist behindert: Er baut Schranken auf. Er kann nicht tanzen, er kann nicht singen, er kann nicht feiern. Die ganze Dimension des Feierns verschwindet aus seinem Leben. Er wird gleich einer Wüste. Und wenn du wie eine Wüste wirst, kannst du dir zwar weiter einbilden, weiter so tun, als wärst du religiös, aber du bist es nicht.

Du magst ein Sektierer sein, aber religiös bist du nicht. Du kannst ein Christ sein, ein Hindu, ein Buddhist, ein Jain, ein Muslime, aber du kannst nicht religiös sein. Du glaubst an etwas, aber du weißt nichts. Du glaubst an Theorien. Ein Mensch, der allzu beladen ist mit Theorien, wird ernsthaft. Ein Mensch, der unbeschwert ist, der keine Theorienlast über sich hängen hat, fängt an zu lachen.

Das ganze Spiel der Existenz ist so schön, dass nur Lachen die Antwort darauf sein kann. Lachen kann das einzig wirkliche Gebet sein, der einzig wirkliche Dank.

In Japan wird einer der ganz großen Mystiker, Hotei, „der lachende Buddha" genannt. Er ist einer der meistgeliebten Mystiker in Japan, und er hat nie ein einziges Wort gesprochen. Als er erleuchtet wurde, brach er in ein Gelächter aus, und jedes Mal, wenn jemand ihn fragte: „Warum lachst du?", lachte er noch mehr. Und er zog nur immer von Dorf zu Dorf und lachte.

Dann strömte eine Menge zusammen, und er lachte. Und allmählich – sein Lachen war sehr ansteckend – fing jemand in der Menge an zu lachen, und dann jemand anders, und schließlich die ganze Menge, weil ... Ja, warum lachten sie eigentlich? Jeder wusste doch: „Es ist lächerlich; dieser Mann ist merkwürdig – aber warum lachen wir alle?" Aber es lachte eben alles, und alle waren ein wenig besorgt: „Was werden die Leute sagen? Es gibt doch keinen Grund zum Lachen." Aber die Leute warteten geradezu auf Hotei, weil sie nie im Leben mit einer solchen Totalität gelacht hatten, mit einer solchen Intensität, und weil sie entdeckt hatten, dass nach dem Gelächter jeder einzelne ihrer Sinne klarer geworden war. Die Augen sahen besser, ihr ganzes Wesen war so leicht geworden, als wäre eine schwere Last von ihnen gewichen.

Dann baten die Leute Hotei: „Komm bitte wieder", und so zog er lachend weiter ins nächste Dorf. Sein ganzes Leben nach seiner Erleuchtung, etwa fünfundvierzig Jahre lang, tat er nur eines, und das war Lachen. Das war seine Botschaft, sein Evangelium, seine Heilige Schrift. Und es muss festgehalten werden, dass in Japan niemand mit solch einer Hochachtung bedacht wird wie Hotei. In jedem Haus werdet ihr Statuen Hoteis finden. Dabei hatte er nichts weiter getan als gelacht. Aber das Lachen kam aus einer solchen Tiefe, dass es jedem in Erinnerung blieb, der es einmal gehört hatte – so sehr hatte es sein Innerstes getroffen, eine Synchronizität hergestellt. Hotei ist einzigartig. Auf der ganzen Welt gibt es keine andere Menschenseele, die so viele Menschen zum Lachen gebracht hat – ohne jeden Grund. Und doch fühlte sich jeder durch das Lachen gereinigt, fühlte ein Wohlbefinden wie nie zuvor. Etwas aus unergründlichen Tiefen brachte plötzlich bestimmte Erinnerungen in den Herzen der Menschen zum Klingen …

Dieser Hotei ist ungeheuer bedeutsam. Selten ist ein Mensch wie Hotei auf Erden gewandelt. Es ist ein Unglück, es sollte mehr Menschen wie Hotei geben. Es sollten mehr Tempel voller Gelächter sein, voller Tanzen und Singen. Wenn der Ernst verloren geht, geht nichts verloren – ja, man wird gesünder und heiler. Aber wenn das Lachen verloren geht, ist alles verloren. Plötzlich verliert ihr die Festlichkeit eures Daseins, werdet ihr farblos, eintönig, in gewisser Weise tot. Dann fließt eure Energie nicht mehr.

Aber es ist schwer, Hotei zu verstehen. Um ihn verstehen zu können, muss man in der gleichen fröhlichen Stimmung sein. Wenn du allzu beladen bist mit Theorien, Begriffen, Systemen, Ideologien, Theologien, Philosophien, dann wirst du nicht erkennen können, was dieser Hotei ist, worin seine Bedeutung liegt – denn er wird lachen, wenn er dich sieht. Er wird lachen, weil er einfach nicht glauben kann, dass ein Mensch so närrisch und lächerlich sein kann – so als würde einer nur von einem Kochbuch leben und hätte vergessen, sich Essen zu kochen. Er studiert nur fleißig Bücher über das Essen, und wie man es zubereitet und wie man es nicht zubereitet, und argumentiert hin und her – und die ganze Zeit über ist er hungrig, verhungert allmählich, und hat völlig vergessen, dass man von Büchern nicht leben kann. Genau das ist passiert: Die Menschen haben völlig vergessen, dass Religion gelebt werden muss. Sie ist etwas, das assimiliert werden muss. Sie ist etwas, das dir im Blut kreisen muss, dir in Mark und Bein übergehen muss. Du kannst nicht einfach nur darüber nachdenken. Du musst es dir einverleiben! Aber jedes Mal, wenn eine Wahrheit, ein Lichtstrahl geboren wird, versammeln sich alle Gelehrten – Intellektuelle, Professoren, Philosophen, Theoretiker – und springen auf die Wahrheit drauf und zertrampeln sie. Dann kneten sie tote Theorien und heilige Schriften daraus. Was einst lebendig war, wird etwas Papiernes. Die wirkliche Rose verschwindet.

Ich wohnte einmal im Hause eines christlichen Freundes. Ich begann, in seiner Bibel zu blättern – da war eine Rose. Er muss die Rose in der Bibel verwahrt haben ... viele Jahre alt, trocken, tot, erdrückt zwischen den Seiten der Bibel. Ich fing an zu lachen. Er kam aus dem Bad gerannt und fragte: „Was ist, warum lachst du? Was ist passiert?"

Ich sagte: „Mit dieser Rose ist das Gleiche passiert, was mit der Wahrheit passiert ist. Zwischen den Seiten deiner Bibel ist die Rose gestorben. Jetzt ist sie nur noch eine Erinnerung an etwas, das einmal lebendig war, nur ein Andenken, aller Duft verflogen, alle Lebendigkeit verflogen. Sie ist so tot wie eine Plastikblume oder eine Papierblume. Sie hat eine Geschichte, aber sie hat keine Zukunft. Sie hat eine Vergangenheit, aber sie hat keine Zukunft. Und das Gleiche ist mit der Wahrheit passiert: Auf den Seiten der Heiligen Schrift ist sie gestorben."

Wenn die Wahrheit kommt, kommt sie non-verbal, ist sie schweigend. Sie ist so tief, dass sie sich nicht in Worten ausdrücken lässt. Dann werden früher oder später Leute kommen, die sie in Worte kleiden, die sie systematisieren. Und gerade bei dieser Systematisierung wird sie getötet.

Hotei lebte ein völlig anderes Leben als ein gewöhnlicher

religiöser Mann. Sein ganzes Leben war nichts als ein ununterbrochenes Lachen. Es heißt von Hotei, dass er selbst im Schlaf manchmal zu lachen begann. Er hatte einen riesigen Bauch, und der Bauch wackelte. Die Menschen fragten ihn dann: „Warum lachst du nur, und dazu noch im Schlaf?“ Das Lachen war ihm so natürlich, dass ihn alles und jedes zum Lachen brachte. Dann wird das ganze Leben, ob wachend oder im Schlaf, zur Komödie.

Ihr dagegen habt aus dem Leben eine Tragödie gemacht. Ihr habt einen tragischen Kuddelmuddel aus eurem Leben gemacht. Selbst wenn ihr lacht, lacht ihr nicht. Selbst wenn ihr vorgebt zu lachen, ist das Lachen nur gezwungen, manipuliert, aufgesetzt. Es kommt euch nicht aus dem Herzen, schon gar nicht aus dem Bauch. Es ist nicht etwas, das aus eurer Mitte kommt, sondern nur etwas, das oben aufgemalt ist. Ihr lacht aus Gründen, die nichts mit Lachen zu tun haben.

> Ich habe gehört...
> In einem kleinen Büro erzählt der Chef gerade mal wieder seine alte, ewig wiedergekäute Anekdote. Und alle lachen... man muss schließlich lachen! Sie finden es todlangweilig, aber wenn der Chef einen Witz erzählt, hat man zu lachen, das ist Pflicht. Nur eine Tippse lacht nicht, sitzt völlig gelangweilt da und macht ein genervtes Gesicht.
> Der Chef sagt: „Was ist mit Ihnen los? Warum lachen Sie nicht?“
> Sie sagt: „Ich gehe am Monatsende.“

Also ist es nicht mehr nötig ... Die Leute haben ihre Gründe. Selbst das Lachen ist Geschäft, selbst Lachen ist Ware, ist Politik. Selbst Lachen ist nicht einfach Lachen. Alle Unschuld ist verloren. Ihr könnt nicht mal auf eine unschuldige Weise lachen, ihr verliert eure Unberührtheit, eure Reinheit, eure Unschuld.

Beobachtet ein kleines Kind, beobachtet sein Lachen – so tief, dass es mitten aus dem Zentrum kommt. Wenn ein Kind geboren wird, ist der erste gesellschaftliche Akt, den das Kind erlernt – oder vielleicht ist es nicht richtig zu sagen „erlernt", weil es das schon mitbringt – dass es lacht. Sein erster sozialer Akt! Indem es lächelt, wird es Teil der Gesellschaft. Es scheint sehr natürlich, spontan. Andere Dinge kommen erst später – aber wenn es lächelt, ist das sein erster Funke der Teilnahme an der Welt. Wenn eine Mutter ihr Kind lächeln sieht, wird sie unglaublich froh, weil dieses Lächeln Gesundheit zeigt, Intelligenz zeigt, weil dieses Lächeln zeigt, dass das Kind nicht dumm, nicht zurückgeblieben ist. Dieses Lächeln zeigt, dass das Kind leben wird, glücklich sein wird. Die Mutter ist einfach hingerissen.

Lächeln ist die erste gesellschaftliche Handlung – und sollte auch die gesellschaftliche Grundhandlung bleiben. Man sollte sein ganzes Leben lang weiterlachen. Wenn du in allen möglichen Situationen lachen kannst, wirst du sehr fähig werden, dich ihnen zu stellen – und dieses Dich-Stellen wird dich zur Reife bringen. Ich sage damit nicht, dass du nie weinen sollst; sondern beides geht zusammen, beides gehört zum gleichen Phänomen, nämlich wahr und authentisch zu sein. Es gibt Millionen von Menschen, deren Tränen vertrocknet sind; ihre Augen haben ihren Glanz, ihre Tiefe verloren; ihre Augen haben ihr Wasser verloren. Denn sie können nicht weinen, sie können keine Tränen vergießen, sie fließen nicht natürlich. Wenn das Lachen beschnitten ist, sind auch die Tränen beschnitten. Nur jemand, der gut lachen kann, kann gut weinen. Und wenn du gut weinen und lachen kannst, bist du lebendig.

Der tote Mensch kann nicht lachen und kann nicht weinen. Der tote Mensch kann traurig sein. Seht selbst: Schaut euch eine Leiche an – der tote Mensch hat mehr Geschick im Ernstsein als ihr. Nur ein lebendiger Mensch kann lachen und weinen und Tränen vergießen. Dies sind die Stimmungen eures Inneren. Dies sind die Wetterlagen – bereichernd. Aber nach und nach vergisst jeder. Was anfangs natürlich war, wird unnatürlich. Ihr braucht jemanden, der euch zum Lachen reizt, zum Lachen kitzelt – sonst lacht ihr ja nicht. Das ist der Grund, warum es so viele Witze gibt auf der Welt.

Vielleicht habt ihr es noch nie bemerkt, aber die Juden haben die besten Witze auf der Welt. Und der Grund dafür ist, dass sie in tieferem Elend gelebt haben als irgendeine andere Rasse. Sie mussten Witze erfinden, sonst wären sie schon längst tot. Sie haben so viel Elend durchgemacht, sie sind über die Jahrhunderte hin so viel gefoltert worden, sie sind zermalmt und gemetzelt worden – sie mussten einfach einen Sinn für das Komische entwickeln. Das war ein rettender Trick. Darum haben sie die schönsten Witze, die spaßigsten, die tiefsten Witze.

Was ich euch zu zeigen versuche, ist dies: Wir lachen nur, wenn es einen Grund gibt, der uns zum Lachen zwingt. Es wird ein Witz erzählt, und ihr lacht – weil ein Witz eine gewisse Unterhaltung in euch erzeugt. Der ganze Mechanismus eines Witzes ist der, dass die Story in die eine Richtung geht und plötzlich einen Haken schlägt. Der Haken kommt so plötzlich, so drastisch, dass ihr nie drauf gekommen wärt. Die Aufregung wächst, und ihr wartet auf die Pointe. Und plötzlich kommt nicht etwa das, womit ihr gerechnet habt, sondern etwas absolut anderes, etwas völlig Absurdes und Lächerliches, das nie mit euren Erwartungen übereinstimmt.

Ein Witz ist niemals logisch. Wenn ein Witz logisch wäre, würde er alles Lachhafte, jede Eigenschaft des Lachens einbüßen, denn sonst könntet ihr ja sehen, was kommt. Sonst würdet ihr, wenn der Witz zuende erzählt ist, schon längst bei der Pointe sein, weil es dann ein Syllogismus wäre, weil es einfaches Kopfrechnen wäre. Aber dann gäbe es auch kein Lachen. Ein Witz schlägt einen plötzlichen Haken, so plötzlich, dass du fast unmöglich von selbst drauf gekommen wärst, drauf geschlossen hättest. Er macht einen Satz, einen Sprung, einen Quantensprung – und gerade darum setzt er so viel Lachen frei. Ein Witz ist eine subtiles psychologisches Mittel, dich zu kitzeln.

Ich muss euch Witze erzählen, weil ich befürchte, dass ihr allesamt religiöse Leute seid. Ihr neigt dazu, ernsthaft zu sein. Ich muss euch manchmal kitzeln, damit ihr manchmal eure Religiosität vergesst, damit ihr all eure Philosophien vergesst, eure Theorien, Systeme, und wieder auf den Teppich kommt. Ich muss euch immer wieder auf den Boden herunterholen, sonst neigt ihr dazu, ernsthaft zu werden, immer ernster zu werden. Und Ernsthaftigkeit ist ein Krebsgeschwür.

Ihr könnt viel von Hotei lernen. Lachen bringt Stärke. Heute sagt sogar die Schulmedizin, dass Lachen eine der wirksamsten Arzneien ist, mit denen die Natur den Menschen ausgestattet hat. Wenn du lachen kannst, wenn du krank bist, wirst du deine Gesundheit schneller wiederfinden. Wenn du selbst dann nicht lachen kannst, wenn du gesund bist, wirst du früher oder später deine Gesundheit verlieren und krank werden.

Lachen holt Energie aus deinem Zentrum in die Außenbereiche. Die Energie fängt zu strömen an, folgt dem Lachen wie ein Schatten. Habt ihr das schon beobachtet?

Wenn ihr wirklich lacht, seid ihr während dieser wenigen

Augenblicke in einem tiefen meditativen Zustand. Das Denken steht still. Es ist unmöglich, gleichzeitig zu lachen und zu denken. Das sind diametrale Gegensätze: Entweder kannst du lachen oder du kannst denken. Wenn du wirklich lachst, bleibt das Denken stehen. Wenn du immer noch denkst, wird das Lachen nur so la-la sein, nur lauwarm, hinkend. Es wird ein verkrüppeltes Lachen sein.

Wenn du wirklich lachst, verschwindet der Verstand plötzlich. Und die ganze Methodenlehre des Zen dreht sich darum, wie man in den Nicht-Verstand kommt. Das Lachen ist eine der schönsten Türen, die da hineinführen. Soweit ich weiß, sind Tanzen und Lachen die besten, natürlichsten, am leichtesten zu öffnenden Türen. Wenn du wirklich tanzt, bleibt das Denken stehen.

Du tanzt und tanzt, du drehst dich und drehst dich, und du wirst zum Wirbelwind – alle Grenzen, alle Trennlinien verschwinden. Du weißt nicht mal mehr, wo dein Körper endet und die Außenwelt anfängt.

Du verschmilzt mit der Existenz und die Existenz verschmilzt mit dir. Die Grenzen überschneiden sich. Und wenn du wirklich tanzt – ohne es zu forcieren, sondern einfach indem du Besitz von dir ergreifen lässt – wenn du besessen vom Tanz bist, steht das Denken still. Und wenn du ein paar Momente des Nicht-Denkens erlebt hast, werden dir diese Lichtblitze noch viele kommende Belohnungen ankündigen. Du brauchst einfach nur immer mehr von der Art, der Eigenschaft des Nicht-Denkens anzunehmen. Immer mehr Denken muss fallen gelassen werden. Lachen kann eine wunderbare Einführung in einen nicht-denkenden Zustand sein.

Es heißt, dass dieser Hotei nicht das geringste Verlangen hatte, sich selbst einen Zen-Meister zu nennen oder Schüler um sich zu scharen. Stattdessen lief er durch die Straßen, mit einem Sack voller Süßigkeiten, Früchten und Kringeln auf dem Rücken, die er an die Kinder verteilte, die sich um ihn drängten und um ihn herum spielten.

Nun, manchmal waren diese Kinder wirkliche Kinder, und manchmal waren diese Kinder junge Leute, und manchmal waren diese Kinder alte Leute – ihr dürft euch also von dem Ausdruck „Kinder“ nicht in die Irre führen lassen. Alte Menschen, manchmal älter als Hotei selbst – auch sie waren Kinder für Hotei. Ja, um mit Hotei Kontakt aufzunehmen, musste man ein Kind sein, unschuldig. Und dann verteilte er immer Sachen: Spielzeug, Bonbons, Kuchen. Damit bringt er symbolisch etwas zum Ausdruck, nämlich dass ein religiöser Mensch dir die Botschaft bringt, das Leben nicht allzu ernst zu nehmen – es ist nichts als ein kleines Bonbon. Koste es, aber lass dich nicht davon in Beschlag nehmen. Es hat keinen Nährwert. Es hat keine Wahrheit. Du kannst nicht davon leben.

Ihr habt vielleicht das Jesuswort gehört: „Der Mensch lebt nicht von Brot allein.“ Kann der Mensch von Süßigkeiten allein leben? Brot hat wenigstens ein bisschen Nährwert, ein Bonbon hat keinen. Schmeckt gut, aber kann auf die Dauer schädlich sein. Ob an Kinder oder Alte – für ihn war immer jeder ein Kind –, teilte er Spielzeug aus. Sehr symbolisch. Es lässt sich kein besseres Mittel finden, um zu sagen, dass das Leben nur ein Spielding ist. Und dass das Leben, das ihr für das Leben haltet, nichts Wahres ist – es ist nur etwas Unechtes, ein Traum, momenthaft. Klammert euch nicht daran.

Wenn du ein meditativer Mensch bist, dann gibst du, dann teilst du – dann hortest du nicht, dann bist du nicht geizig. Dann ergreifst du nicht Besitz. Wie kannst du in dieser Welt etwas besitzen? Du warst nicht hier und die Welt war hier, du wirst nicht hier sein und die Welt wird hier sein. Wie kannst du besitzen? Wie kannst du den Anspruch erheben: „Ich bin der Besitzer!"? Wie kannst du irgendetwas besitzen?

Und wenn du meditativ bist, wird dein ganzes Leben ein Austeilen werden, wirst du geben, was immer du geben kannst – deine Liebe, dein Verständnis, dein Mitgefühl – was immer du kannst, wirst du geben – Energie, Körper, Geist, Seele, was auch immer. Und du wirst deine Freude daran haben. Es gibt keinen größeren Genuss, als etwas mit anderen zu teilen. Habt ihr schon einmal jemandem etwas gegeben? Darum macht das Schenken den Menschen so viel Freude. Es ist ein reines Vergnügen. Wenn du jemandem etwas gibst, wertlos vielleicht, nicht sehr teuer vielleicht, dann macht schon die Art, die bloße Geste, dass du etwas verschenkst, ungeheuer zufrieden. Stell dir nur einen Menschen vor, dessen ganzes Leben ein Geschenk ist, dessen kleinste Bewegung ein Sich-Geben ist … er lebt im Himmel.

Es gibt keinen anderen Himmel als diesen. Das war Hoteis ganzes Predigen: Gebt! Schenkt! Was gibt es sonst zu sagen? Was gibt es sonst zu lehren? Zen glaubt, dass die Wahrheit sich nicht in Worten ausdrücken lässt, aber in Gesten, im Ausagieren. Es lässt sich etwas tun. Du kannst es nicht sagen, aber du kannst es zeigen. Sei losgelöst, aber sei da. Denn woanders kannst du nicht sein. Diese Welt ist die einzige, es gibt keine andere Welt.

Eure Mönche also, die in den Tempeln und Klöstern herumsitzen, in den Höhlen des Himalajas, sind bloße Eskapisten. Haltet Abstand – aber weglaufen braucht ihr nicht. Haltet Abstand und seid dennoch hier.

Seid in der Welt, aber seid nicht von der Welt. Bleibt unter Menschen – und bleibt für euch. Macht tausend Dinge, macht, was gemacht werden muss, aber seid keine Macher. Setzt kein Ego an – das ist alles.

Es ist nichts verkehrt daran, weltlich zu sein. Sei weltlich, und bleib dennoch unweltlich – darin besteht die ganze Kunst, die Kunst, zwischen zwei Gegensätzen zu leben, zwischen zwei Extremen das Gleichgewicht zu finden. Es ist ein sehr schmaler Weg, wie auf Messer's Schneide – aber das ist der einzige Weg. Wenn du dieses Gleichgewicht verfehlst, verfehlst du die Wahrheit.

Bleib hier und jetzt in dieser Welt, und setz deinen Weg fort, und geh ihn mit einem tiefen Lachen in deinem Innersten. Tanz deinen Weg zu Gott! Singe deinen Weg zu Gott!

Aus: A Sudden Clash of Thunder

Mir ist das Lachen so heilig wie das Beten

In einer von Hass und Feindseligkeit, Traurigkeit und Sorge heimgesuchten Welt scheinst du der einzige Sänger der Liebe und des Lachens zu sein. Ist das nicht lachhaft?

ALLERDINGS. ES IST LACHHAFT, ABER IRGENDWER MUSS JA ANFANGEN. Wir wollen, dass die Welt weniger ernst und mehr sensibel wird – wohl aufrichtig, aber niemals ernst. Wir wollen, dass die Welt erfährt, dass der Sinn für Humor eine der wesentlichsten Eigenschaften eines religiösen Menschen ist. Wenn du nicht lachen kannst, werden dir viele Dinge im Leben entgehen, werden dir viele Mysterien entgehen.

Dein Lachen macht dich zum kleinen, unschuldigen Kind, dein Lachen verbindet dich mit der Existenz – mit dem tosenden Meer, mit den Sternen und ihrer Stille.

Dein Lachen lässt dich dem einzigen Teil der Existenz angehören, der intelligent geworden ist, denn nur intelligente Menschen können lachen. Deshalb können die Tiere es sich nicht leisten zu lachen – sie haben nicht genug Intelligenz.

Und weil immer gelehrt worden ist, dass der Ernst für die Ehrbarkeit nahezu unerlässlich ist, sind alle ernst geworden. Es ist nicht so, dass sie aus irgendwelchen Gründen ernst wären, nur ist es ihnen jetzt zur zweiten Natur geworden. Sie haben völlig vergessen, dass Ernsthaftigkeit eine Krankheit ist, die anzeigt, dass der Sinn für Humor in euch abgetötet worden ist. Denn sonst … das ganze Leben um euch herum ist so voller lachhafter Dinge! Wenn du einen Sinn für Humor besitzt, wirst du überrascht merken, dass du gar keine Zeit hast, um traurig zu sein. Jeden Augenblick passiert irgendwo irgendwas.

Meine Mission ist es ganz gewiss, der gesamten Menschheit das Lachen zu bringen – sie hat es vergessen. Und wenn ihr das Lachen vergesst, vergesst ihr immer auch den Gesang, vergesst ihr die Liebe, vergesst ihr das Tanzen – es bleibt nicht dabei, dass ihr nur das Lachen vergesst.

Das Lachen hat seine eigene Zusammensetzung von Eigenschaften, genau wie der Ernst seine eigene Zusammensetzung von Eigenschaften hat.

Vergesst das Lachen, und ihr werdet die Liebe vergessen. Wie wollt ihr mit trauriger Miene zu einer Frau sagen: „Ich liebe dich“? Ein bisschen wirst du schon lächeln müssen. Mit ernster Miene kannst du nicht mal „Piep“ sagen.

Die Leute nehmen alles so ernst, dass es ihnen zur Last wird. Lernt mehr zu lachen.

Mir ist das Lachen so heilig wie das Beten.

Aus: Sermons in Stones

Ernsthaftigkeit ist eine Krankheit der Seele

ZU DEN GRAUSAMSTEN DINGEN, DIE MAN DEM MENSCHEN ANTUT, gehört, dass man ihn traurig und ernsthaft macht. Das muss man, denn wenn man den Menschen nicht traurig und ernsthaft macht, könnte man nie einen Sklaven aus ihm machen – einen Sklaven in allen Bereichen der Sklaverei: spirituell zum Sklaven eines fiktiven Gottes, einer fiktiven Hölle, eines fiktiven Himmels; psychologisch zum Sklaven, weil Traurigkeit und Ernsthaftigkeit nicht natürlich sind ... dem Geist muss erst Zwang angetan werden, dann erst geht er in Scherben, wird er zertrümmert ... und auch physisch zum Sklaven, weil ein Mensch, der nicht lachen kann, nicht wirklich gesund und heil sein kann.

Lachen ist nicht eindimensional; in ihm verbinden sich alle drei Dimensionen des menschlichen Wesens: Wenn du lachst, ist dein Körper beteiligt, ist dein Geist beteiligt, ist dein Sein beteiligt. Im Lachen verschwinden die Grenzen, die Trennlinien, verschwindet die schizophrene Persönlichkeit.

Aber alle, die den Menschen ausbeuten wollten, störte das Lachen – die Könige, die Priester, die gerissenen Politiker. Ihr ganzes Streben war irgendwie darauf aus, den Menschen schwächer zu machen, krank zu machen: Mache den Menschen unglücklich, und er wird sich niemals auflehnen. Dem Menschen sein Lachen zu rauben heißt ihm sein eigentliches Leben zu rauben. Dem Menschen das Lachen zu rauben ist spirituelle Kastration.

Habt ihr schon einmal den Unterschied zwischen Bullen und Ochsen beobachtet? Sie wurden gleichberechtigt geboren, aber die Ochsen wurden kastriert. Und solange sie nicht kastriert sind, könnt ihr sie nicht als Sklaven benutzen, die euch die Lasten schleppen, die euch die Karren ziehen. Ihr könnt keine Bullen vor eure Karren spannen – der Bulle ist zu kräftig, es ist unmöglich, ihn unter Kontrolle zu halten. Er hat seinen eigenen Willen. Aber der Ochse ist nur noch ein schwaches Echo der wahren Sache, ein bloßer Schatten. Ihr habt ihn zerstört.

Um Sklaven zu bekommen, hat man den Menschen auf gleiche Weise vernichtet. Das Lachen ist immer als kindisch verdammt worden, als „nicht-ganz-bei-Trost". Man darf höchstens lächeln. Der Unterschied zwischen einem Lächeln und einem Lachen ist der gleiche wie der zwischen dem Ochsen und dem Bullen. Lachen ist total. Lächeln ist nur Lippengymnastik, Lächeln ist nur eine Manier. Lachen weiß von keiner Manier, von keiner Etikette – es ist wild, und in seiner Wildheit liegt seine ganze Schönheit.

Aber die eingefleischten Machtinteressen – ob es das Kapital ist oder die Kirche oder die Regierenden – waren sich immer darin einig, dass der Mensch geschwächt werden muss, unglücklich und ängstlich gemacht werden muss, gezwungen werden muss, in einer Art Paranoia zu leben. Nur dann wird er niederknien vor hölzernen oder steinernen Götzen. Nur dann wird er bereit sein, jedem zu dienen, der mächtig ist.

Lachen bringt euch wieder in eure Energie. Jede Faser eures Wesens wird lebendig und jede Zelle eures Wesens fängt zu tanzen an. Die größte Sünde wider den Menschen, die je auf Erden begangen wurde, ist die, dass er am Lachen gehindert wurde. Das hat tiefgehende Auswirkungen.

Denn wenn du am Lachen gehindert wirst, wirst du mit Sicherheit daran gehindert, fröhlich zu sein, wirst du gehindert, ein festliches Lied zu singen, wirst du gehindert, vor lauter Seligkeit zu tanzen. Indem das Lachen verhindert wird, wird alles zerstört, was schön ist im Leben, alles, was das Leben lebens- und liebenswert macht, alles, was dem Leben Sinn verleiht. Es ist die abscheulichste Strategie, die je gegen den Menschen eingesetzt wurde.

Ernst ist Sünde. Und denkt daran: Ernst ist nicht Aufrichtigkeit. Aufrichtigkeit ist ein völlig anderes Phänomen. Ein ernster Mensch kann nicht lachen, kann nicht tanzen, kann nicht spielen. Er kontrolliert sich ständig. Man hat ihn auf eine Art und Weise erzogen, dass er sein eigener Gefängniswärter geworden ist. Der aufrichtige Mensch kann aufrichtig lachen, kann aufrichtig tanzen, kann aufrichtig jubeln. Aufrichtigkeit hat nichts mit Ernsthaftigkeit zu tun.

Ernsthaftigkeit ist nur eine Krankheit der Seele, und nur kranke Seelen lassen sich zu Sklaven machen. Und all die eingefleischten Machtinteressen brauchen eine Menschheit, die sich nicht auflehnt, die sehr willig ist, ja, die geradezu darum bettelt, Sklave zu sein.

Tatsächlich findet man nur Kinder kichern und lachen; und die Erwachsenen halten das für verzeihlich, weil die Kinder so unwissend sind. Sie sind vorläufig noch unzivilisiert, noch primitiv.

Die Eltern, die Gesellschaft, die Lehrer, die Priester haben nur eine einzige Sorge: wie man sie zivilisiert, wie man sie ernst macht, wie man sie dahin bringt, sich wie Sklaven zu benehmen und nicht wie unabhängige Individuen. Du sollst keine eigene Meinung haben. Du sollst nur Christ sein oder Hindu oder Muslim. Du sollst Kommunist sein oder Faschist oder Sozialist. Du sollst nicht deine eigene Meinung haben. Du sollst nicht du selbst sein. Du sollst Teil der Masse sein –

und Teil einer Masse sein, heißt nichts anderes, als ein Rad im Getriebe werden. Du hast Selbstmord begangen.

In der Gesellschaft wird der Mensch, der total lacht – dröhnend lacht – nicht geachtet. Man hat ernst dreinzuschauen! Das zeigt, dass man zivilisiert und bei Sinnen ist. Lachen ist etwas für Kinder und die, die von Sinnen sind, oder etwas für Primitive. Geht in eine x-beliebige Kirche und seht euch Jesus am Kreuz an. Natürlich ist er ernst. Und sein Ernst erfüllt die ganze Kirche. Dort zu lachen, scheint nicht am rechten Platz zu sein. Und wer hätte schon gehört, dass Gott je gelacht hätte?

Kinder können lachen, weil sie nichts erwarten. Weil sie nichts erwarten, können ihre Augen die Dinge klarer sehen – und die Welt ist so voller Absurdität und Lächerlichkeit. Es gibt so viele Ausrutscher auf Bananenschalen, dass ein Kind das unmöglich übersehen kann. Was uns wie Vorhänge vor den Augen hängt, sind unsere Erwartungen.

Weil alle Religionen gegen das Leben sind, können sie nicht für das Lachen sein. Lachen ist ein wesentlicher Teil des Lebens und der Liebe. Die Religionen sind gegen das Leben, gegen die Liebe, gegen das Lachen, gegen die Freude; sie sind gegen alles, was das Leben zu einer gewaltigen Erfahrung voller Segnungen machen kann.

Aufgrund ihrer Anti-Lebenseinstellung haben sie die ganze Menschheit zerstört. Sie haben den Menschen alles fortgenommen, was Saft und Kraft hat. Und ihre Heiligen sind die Vorbilder geworden, denen jeder andere zu folgen hat. Ihre Heiligen sind einfach nur trockene Knochen – sie fasten und foltern sich selber, auf immer neue Weise, finden immer neue Mittelchen, wie sie ihren Leib foltern können. Je mehr sie sich gefoltert haben, desto höher sind sie im Ansehen gestiegen. Sie haben eine Leiter gefunden, einen Weg, wie man immer angesehener wird: Du brauchst dich nur zu foltern, und die Menschen werden dich anbeten und jahrhundertelang deiner gedenken. Selbstfolter ist eine psychologische Krankheit. Sie hat nichts, was angebetet gehört, sondern ist langsamer Selbstmord. Aber wir haben diesen langsamen Selbstmord jahrhundertelang unterstützt, weil sich in unseren Hirnen der Gedanke festgesetzt hat, Körper und Seele seien Feinde. Je mehr du den Körper quälst, desto spiritueller scheinst du. Je mehr du dem Körper Vergnügen gönnst, Genuss, Liebe, Lachen, desto weniger spirituell scheinst du zu sein. Diese Dichotomie ist der Hauptgrund, warum das Lachen aus dem Menschen verschwunden ist.

Ich habe Bilder von europäischen Kirchen im Mittelalter gesehen ... und die Funktion des Priesters war es, den Menschen Angst einzujagen vor Höllenfeuer und allerlei Qualen, die sie dort zu erleiden hätten. Ihre Beschreibungen waren so lebendig, dass viele Frauen in Ohnmacht zu fallen pflegten – in den Kirchen! Als der größte Prediger galt derjenige, der am meisten Menschen ohnmächtig machte – das war der Maßstab, um festzustellen, wer der größte Prediger war.

Die ganze Religion basiert auf einer einfachen Psychologie: Angst, aufgebläht im Namen der Hölle, und Gier, aufgebläht im Namen des Himmels. Wer sich auf Erden vergnügen will, wird zur Hölle fahren ... natürlich bekommt der Mensch dann Angst: Nur wegen kleiner Genüsse, nur wegen der siebzig Jahre, die er zu leben hat, muss er in Ewigkeit in der Hölle leiden.

Das war einer der Gründe, warum Bertrand Russell dem Christentum den Rücken kehrte und ein Buch schrieb mit dem Titel: „Warum ich kein Christ bin".

Er sagte: „Was zuallererst meine Entscheidung auslöste, war die absolut ungerechtfertigte Vorstellung, dass ich für alle Sünden, die ich begangen habe, in Ewigkeit bestraft werden sollte." Er sagte: „Wenn ich alle Sünden zähle, die ich der Bibel nach begangen habe, und wenn ich auch noch die Sünden mitzähle, die ich nur geträumt habe, ohne sie je begangen zu haben, könnte mich der strengste Richter nicht für länger als viereinhalb Jahre ins Gefängnis stecken. Aber für diese kleinen Sünden würde ich nie in Ewigkeit leiden. Was ist das für eine Gerechtigkeit? Es scheint kein Verhältnis zu geben zwischen der Schuld und der Sühne."

Und dann fing er an, einen prüfenden Blick auf die christliche Theologie zu werfen. Er war erstaunt, so viele Dinge zu finden, die absurd und lächerlich waren, dass er fand, wer Christ bliebe, beweise nur Feigheit. Er sagte sich vom Christentum los und schrieb dieses ungeheuer wichtige Buch „Warum ich kein Christ bin".

Das ist jetzt fast sechzig oder siebzig Jahre her, und noch kein christlicher Theologe hat auf dieses Buch geantwortet. Ja, es gibt auch gar keine Antwort – welche Rechtfertigung gäbe es denn? Die Päpste und die großen christlichen Theologen in aller Welt haben es vorgezogen, zu schweigen. Sie haben Bertrand Russell verdammt und gesagt, dass er zur Hölle fahren wird. Aber das ist kein Argument. Wenn es wirklich eine Hölle und einen Himmel gäbe, wäre die Hölle ein sehr viel gesünderer Ort als der Himmel – denn im Himmel werdet ihr all die trockenen Knochen, lauter hässliche Gestalten, auch Heilige genannt, damit beschäftigt finden, sich zu quälen. Der Ort ist keinen Besuch wert.

In der Hölle werdet ihr all die Dichter, all die Maler, all die Bildhauer, all die Mystiker finden, all die Leute, deren Gesellschaft ein Segen sein wird. Dort werdet ihr Sokrates finden, und ihr werdet Gautam Buddha dort finden – die Hindus haben ihn in die Hölle geworfen, weil er nicht an die Veden geglaubt hat, auf denen die ganze Hindu-Religion basiert.

Ihr werdet dort Mahavir finden, weil er nicht an das hinduistische Kastensystem geglaubt hat – er hat es verurteilt. Ihr werdet Bodhidharma dort finden, Tschuangtse, Laotse. Ihr werdet alle Großen dort finden, die etwas zum Leben beigesteuert haben – all die großen Wissenschaftler und Künstler, die diese Erde ein wenig schöner gestaltet haben.

Was haben eure Heiligen beigesteuert? Sie sind die überflüssigsten Leute überhaupt, die unfruchtbarsten. Sie waren nur eine Last, und sie waren Parasiten. Sie haben das Blut armer Menschen ausgesogen. Sie haben sich gequält und andere Menschen gelehrt, sich auch zu quälen. Sie haben psychologische Krankheiten verbreitet.

Wenn diese Erde so krank aussieht, wenn die Menschheit so traurig aussieht, ist das allein euren Heiligen zu verdanken. Im Himmel werdet ihr all diesen scheußlichen Gestalten begegnen, all diesen Verdammern, die nicht zu lieben verstehen, die nicht zu lachen verstehen, die nicht zu singen verstehen, die nicht zu tanzen verstehen – die der Menschheit kein Vergnügen gönnen können, wie klein es auch sei. Schmerz ist anscheinend hochgeistlich, und Genuss scheint materialistisch zu sein.

Nun, die moderne Psychiatrie weiß nur allzu gut, dass diese Heiligen schizophren waren. Sie brauchen nicht angebetet zu werden. Wenn ihr sie irgendwo findet, schleppt sie sofort in eine psychiatrische Anstalt – sie brauchen Behandlung. Sie sind nicht gesund. Ihre bloße Existenz ist ekelerregend. Aber sie waren die Führer der Menschheit, und sie haben der gesamten Menschheit eine Art Ekel eingeflößt. Sie haben eine Atmosphäre des Ekels verbreitet.

Der Tag, an dem der Mensch zu lachen vergisst, der Tag, an dem der Mensch vergisst, spielerisch zu sein, der Tag, an dem der Mensch zu tanzen vergisst, ist der Tag, an dem er aufhört, Mensch zu sein. Er ist zu einer untermenschlichen Spezies abgesunken. Spielerei macht ihn leicht. Liebe macht ihn leicht. Lachen gibt ihm Flügel. Wenn er vor Freude tanzt, kann er die fernsten Sterne berühren, kann er die tiefsten Geheimnisse des Lebens erfahren.

Dies sind die vier L's:

Leben, Liebe, Lachen – Licht.

Und sie passieren genau in dieser Reihenfolge.

Aus: Zarathustra – The Laughing Prophet

Gott muss Sinn für Humor haben

Ist alles nur ein Witz? Und ich kapiere ihn nicht?

VIMALKIRTI, GANZ SICHER IST DAS EIN WITZ, ABER DU KANNST IHN AUCH gar nicht kapieren. Du bist ein Deutscher, und nicht nur ein gewöhnlicher Deutscher – du bist der Urenkel des deutschen Kaisers! Denk nur mal – der alte Mann, er muss sich ja im Grab umdrehen, wenn er dich in Orange sieht, in Poona den Fußboden putzend! Was glaubst du denn – ist das etwa kein Witz? Hätte dein Urgroßvater sich jemals vorstellen können oder träumen lassen, dass seinen eigenen Kindern eines Tages sowas passieren würde? Unmöglich, dass er je im Traum daran gedacht hätte, aber es ist so gekommen.

Jahrhundertelang hat man euch erzählt, dass das Leben eine ernsthafte Sache sei. Dies hat euch tief geprägt. Im übrigen aber ist das Leben wirklich ein Witz. Es ist spielerisch, es ist leela. Es kommt nur darauf an, wie man damit umgeht. Wenn du es ernst nimmst, wird es ernst, aber dann wirst du leiden – du wirst unter deiner eigenen Vorstellung leiden, das Leben wird schwer, es wird zu einer Last, einem Berg auf deiner Brust; du wirst darunter erdrückt. Es verliert alle Freude, alles Lachen. Du schleppst dich nur dahin, du lebst nicht. Wie kann jemand ohne Lachen leben?

Der Mensch ist es, der als einziges Tier der Erde zu lachen versteht. Lachen ist das einzige, was Menschen als solche auszeichnet – nicht Vernunft, sondern Lachen. Tiere können auch argumentieren – sie argumentieren auf ihre Weise –, aber sie können nicht scherzen, sie können nicht lachen, sie können die humorige Seite nicht sehen, das ist für sie unmöglich. Alle Tiere sind ernste Leute, und alle ernsten Leute sind Tiere! Sobald man sich von seinem Ernst trennt, trennt man sich von seiner Animalität.

Darum habe ich keinen Respekt vor euren Heiligen. Sie sind sehr ernst, sehr viel ernster als die Esel, sehr viel ernster als die Büffel. Sie sind gefallen, sie sind nicht aufgestiegen. Eure Heiligen sind ernst, eure Politiker sind ernst, eure Revolutionäre sind ernst, eure Wissenschaftler sind ernst. Sie nehmen alle das Leben so, als müsste man es irgendwie hinter sich bringen – nicht tanzen. Der bloße Gedanke ans Tanzen steht ihnen fern. Sie können nicht einmal laufen, sie schleppen sich. Sie leben nicht, sie sterben nur langsam. Sie warten alle darauf, dass der Tod sie von dem Schmerz und dem Leid des Lebens erlöse.

Einen Menschen zu finden, der nicht schon ein- oder zweimal an Selbstmord gedacht hätte, ist sehr schwer.

Im Durchschnitt denkt jeder Mensch viermal in seinem Leben an Selbstmord. Er begeht ihn nicht, das steht auf einem anderen Blatt ... vielleicht hat er nicht den nötigen Mumm dazu, vielleicht hat er Angst vor dem, was nach dem Tod passieren wird. Wer weiß? Es könnte noch viel schlimmer kommen als im Leben. Mit dem Leben zumindest kennt man sich aus, das ist einem vertraut. Es ist riskant, sich aufs Unbekannte einzulassen.

Inder begehen nicht viel Selbstmord, weil sie glauben, dass sie wieder zurückgeschickt werden, wozu also das Ganze? – Millionen von Malen muss man geboren werden. Alle indischen Religionen suchen und forschen nicht nach Gott, denkt daran, sondern nach der Freiheit vom Leben, Freiheit vom Kreislauf von Leben und Tod. Wie können diese Leute jubeln, und wie können diese Leute Gott danken? Sie beschweren sich, und ihre Beschwerden sind sehr laut. Sie sagen damit: „Wir wollen nicht geboren werden. Wir wollten nie geboren werden. Warum hast du uns nicht erst gefragt? Das ist unfair! Es ist nicht ein Geschenk, es ist unfair, uns in ein Leben reinzuschicken, um das wir nie gebeten haben. Und es ist unfair, uns immer wieder in ein Leben zu schicken, das nichts als Unglück ist."

Aber das Leben ist nicht Leiden. Erst unsere Umgangsweise damit, unsere Sichtweise lässt das Leben hässlich werden. Unsere Sicht ist verzerrt, nicht das Leben selbst. Unser Spiegel ist verzerrt, nicht das Leben selbst. Das Leben wirkt verzerrt, weil der Spiegel verzerrt ist.

Vimalkirti, für mich ist alles ein Witz. Und ich mache keinen Witz, es ist mir wirklich ernst! Du sagst: *Und ich kapiere ihn nicht!* Ich habe gehört, dass es in Deutschland verboten ist, Samstagabends Witze zu erzählen. Warum? – weil sie am Sonntagmorgen in der Kirche zu lachen anfangen könnten. Sie brauchen Zeit, um zu kapieren! Und du bist der Urenkel des deutschen Kaisers, bei dir könnte es noch ein bisschen länger dauern! Aber wenn du hier bist, wirst du es ganz bestimmt kapieren. Mach dir keine Sorgen. Das Leben ist so voller witziger Momente, dass es fast unmöglich ist, sie zu verpassen. Es ist ein Wunder, wie die Leute es schaffen, sie immer zu verpassen, denn eigentlich stößt du überall auf Witze.

Als Winston Churchill zum erstenmal zum Ministerpräsidenten ernannt wurde – er war müde vom Wahlkampf, von all der Politik, die dazugehört hatte, und der ganzen Anstrengung, an die Spitze zu kommen –, da fand seine Frau, es wäre gut, einen Freund einzuladen,

der viele Witze kannte, sodass er Churchill ein paar davon erzählen konnte. „Das wird ihn entspannen, ihn ein bisschen zum Lachen bringen. Er ist so lange so ernst gewesen, und er sieht so müde aus."
Der Freund wurde gerufen, er brachte die neuesten Witze mit. Er fragte Winston Churchill: „Möchtest du die neuesten Witze hören?"
Churchill sah ihn an und sagte: „Bitte, nicht noch mehr – ich habe sie alle in mein Kabinett berufen!"

Wenn du dich umschaust, wenn du aufmerksam genug bist, dann stolperst du bestimmt wieder über etwas, das so schön und so lächerlich ist … Schon der Gedanke, die Welt und euch alle zu erschaffen, ist so ein kosmischer Witz! Gott muss Sinn für Humor haben.

Ein alter Rabbi lag im Sterben. Die Leute hatten alle Angst um ihn, denn er war nicht besonders religiös gewesen, nicht sehr ehrbar, eigentlich war er gerade das Gegenteil. Sie machten sich Sorgen.
Also fragten sie ihn: „Bist du bereit, Gott entgegenzutreten?"
Er machte die Augen auf und sagte: „Ja, ich bereite mich gerade vor. Ich versuche, mich an ein paar gute Witze zu erinnern, die ich ihm erzählen kann. Er muss sich doch langsam langweilen mit all diesen Langgesichtern, diesen traurigen Heiligen. Er wird sicherlich ein paar gute Witze und ein bisschen Klatsch über die Welt vertragen können."

Und ich bin absolut einer Meinung mit diesem Rabbi. Wenn ihr Gott begegnet, dann fallt nicht vor ihm auf die Knie und fangt an zu beten – er hat diese Dinge so satt! Erzählt ihm einen guten Witz. Das wird eine tiefere Begegnung mit ihm sein. Bringt ihn zum Lachen. In diesem Lachen wird eine Offenbarung kommen.

Vimalkirti, ein paar Witze für dich:

Karpuik wird eiligst in die Notaufnahme des städtischen Krankenhauses gebracht. Der diensthabende Arzt ist sehr überrascht, als er feststellt, dass Karpuik sich den Hodensack verbrüht hat.
„Wie ist denn das passiert?", fragt er.
„Ich habe Tee gekocht", antwortet der Pole,
„und in der Beschreibung stand: ‚Sack in heißem Wasser aufbrühen.'"

Perplekski bringt seine Frau zum Doktor und beschwert sich, dass er nicht mit ihr schlafen könne, weil sie zu eng gebaut sei.
„Na schaun wir mal", sagt der praktisch gesinnte Arzt und fettet sich sein Glied mit Vaseline ein. Er hat keine Mühe, in Perplekskis Frau, die auf dem Untersuchungstuhl liegt, einzudringen.
„Mal langsam", sagt der Pole, wie er den Arzt die Nummer abziehen sieht, „mal abgesehen von der Medizin würde ich sagen, Sie vögeln da meine Frau!"

Ein Mönch mit viel Pietät
hält strikte Hefe-Diät:
„Zur Auferstehung
gehört etwas Blähung",
sagt er, „nach dem Tod ist's zu spät."

Mein Lebensprinzip ist das Lachen. Und Lachen schließt Liebe ein, Lachen schließt Freude und Dankbarkeit ein. Lachen schließt ungeheure Dankbarkeit gegen Gott ein.

Wenn du aus vollem Halse lachst, verschwindet das Ego. Bei anderen Tätigkeiten passiert es sehr selten, aber beim Lachen muss es passieren. Wenn das Lachen total ist, kann das Ego nicht fortexistieren, nichts zerstört das Ego so leicht wie Lachen. Deshalb sind alle Egoisten so ernst.

Das Ego kann sich nur durch Ernsthaftigkeit halten, es lebt und nährt sich von Ernsthaftigkeit. Und ernste Menschen sind gefährliche Menschen.

Wir müssen allen Ernst aus der Welt tilgen. Die Tempel sollten voller Lachen und Gesang, Tanz und Festlichkeit sein. Die Bäume, die Sterne, die Flüsse, die Meere sind es ja auch. Die ganze Existenz, den Menschen ausgenommen, befindet sich in einem unernsten Zustand; nur der Mensch scheint sehr ernst zu sein.

Merkt euch: Kein Kind wird ernst geboren, aber wir zerstören die Unschuld des Kindes. Wir zerstören seine Eigenschaften des Staunens und der Ehrfurcht, wir zerstören sein Lachen, wir zerstören alles Schöne und Kostbare. Stattdessen geben wir ihm eine Last mit, die es im Kopf tragen muss – Wissen, Religion, Philosophie.

Je mehr es von uns erzogen wird, desto mehr verliert es seinen Sinn für Humor. Das Kind kann keinen Humor in der Existenz erkennen, denn es fängt an, aus seinem Wissen heraus zu leben – es weiß alles. Durch all seine Kenntnisse wird jegliches Staunen zerstört.

Durch all sein Wissen wird die höchste religiöse Eigenschaft – die Ehrfurcht – zerstört.

Dr. med. Dr. jur. Dr. rer. nat. von Boll
starb beim Examen zum Dr. theol.
„Sein Leiden war",
doziert Dr. Klar,
„ein akademisches Übersoll!"

Wenn du endlich von der Universität kommst, bist du praktisch tot, befindest du dich in einem pathologischen Zustand, bist du krank – krank vor Wissen, erstickt vor Wissen. Und du kannst nicht lachen – das ist nur etwas für Kinder und Verrückte.

Und mein ganzes Bemühen hier, Vimalkirti, dreht sich darum, euch gleichzeitig zu beidem zu machen: euch kindlich zu machen und euch total verrückt zu machen. Nur wenn diese beiden Dinge passieren, bist du wirklich ein Sannyasin. Mein einziges Gebot ist Lachen! ... Und alles andere kommt von selbst. Wenn du lieben kannst und wenn du lachen kannst – total, von ganzem Herzen –, wird dein Leben so selig und ein solcher Segen sein ... und nicht nur für dich selbst, sondern auch für alle anderen. Du wirst ein Segen für die Welt sein. Du musst allen Ernst fallen lassen. Du musst diesen Ernst fallen lassen, weil er dir aufgezwungen worden ist – er ist nicht dein natürliches Wesen, du bist nicht ernst auf die Welt gekommen, sondern lachend. Jedes Kind sprudelt vor Freude, und wenn es dann vier ist, fängt es zu sterben an. Bei Jungen setzt der Tod mit vier und bei den Mädchen mit drei Jahren ein. Die Mädchen sind den Jungen immer in allem voraus, selbst in dieser Sache liegen sie um ein Jahr vorn.

Und wenn sich der Tod erst einmal in dir niedergelassen hat, tötet er dich nach und nach. Es ist nicht so, dass man plötzlich stirbt, wenn man siebzig oder achtzig ist, sondern da kommt nur ein Vorgang zum Abschluss, der im Alter von drei oder vier begann. Habt ihr je die Tatsache bemerkt, dass ihr, wenn ihr versucht euch zurückzuerinnern, nicht über die Schwelle von drei Jahren hinauskommen könnt?

Allenfalls könnt ihr euch erinnern, wie ihr drei Jahre alt wart, jenseits davon ist alles blank. Warum? Ihr wart da, ganz gewiss, und diese drei Jahre waren absolut nicht blank, im Gegenteil, sie waren mehr von Erfahrung erfüllt, als ein anderes Jahr eures Lebens je wieder sein wird. Jeder Moment war voll von Erfahrungen. Ihr wart ununterbrochen damit beschäftigt, das Leben, die Leute, alles zu erforschen. Ihr wart ununterbrochen auf Erkundungstour.

Man hat in einer Universität ein Experiment gemacht. Das Experiment war … Kinder scheinen dermaßen aktiv zu sein, aber wo nehmen sie all die Energie dazu her? Ihr Körper ist so klein und ihr Körper ist so zart, sie sind wie Blumen, so zerbrechlich … und dennoch scheinen sie so energetisch, so vital, so überschäumend vor Energie zu sein! Woher nehmen sie so viel Energie?

Also stellte man ein Experiment an. Man stellte einen sehr starken Mann ein, der einem Kind alles nachmachen sollte, der immer genau das tat, was das Kind gerade tat. Und dafür würde er dann bezahlt, man würde ihm zahlen, was immer er verlangte. Es war ein wirklich gewaltiger Mann, ein Ringer, ein berühmter Ringer, er hatte also keine Bedenken, einem Kind hinterherzuturnen. Was kann ein Kind schon leisten? Aber binnen vier Stunden lag er platt am Boden, denn kaum hatte das Kind mitbekommen, dass er es nachmachte, sprang das Kind und rannte das Kind, wälzte das Kind sich am Boden und lachte das Kind aus vollem Leibe … Und das Kind machte so viele Dinge, dass der Ringer nach vier Stunden am Ende war! Er sagte: In meinem ganzen Leben bin ich noch nicht so erschöpft gewesen. Ich habe große Kämpfe hinter mir, und ich bin immer Sieger geblieben. Das ist jetzt meine erste Niederlage!"

Und dieses kleine Kind war überhaupt nicht müde, es wollte immer noch weitermachen, es forderte den Mann noch weiter auf und sagte: „Komm schon! Lass uns noch ein bisschen mehr Spaß haben! Hast du genug? Warum liegst du am Boden?"

Jedes Kind wird mit einer so großen Energie geboren, aber wir zerstören es. Wir lähmen jedes Kind, wir verkrüppeln jedes Kind. Und unsere Kirchen und unsere Tempel und unsere Priester haben der Menschheit das größte Unrecht angetan. Sie sind die größten Verbrecher auf der Welt, sie sind die wirklichen Sünder. Sie haben sich an der Menschheit vergangen – sie haben jeden einzelnen Menschen gelähmt.

Du weißt nicht, wer du geworden wärest, wenn man dir von Anfang an alle Freiheit gestattet hätte – wenn dein Lachen frei gewesen wäre, deine Liebe frei gewesen wäre, deine Freude frei gewesen wäre und du nicht gehindert worden wärest, gestört, verzerrt, manipuliert, gezwungen, in gewisse Richtungen gegängelt worden wärest ...

Kein Kind ist an Geld interessiert, weil kein Kind töricht ist. Kein Kind ist daran interessiert, der Präsident oder Premierminister eines Landes zu sein, weil kein Kind so dumm ist. Seine Interessen sind sehr viel natürlicher. Es ist an den Blumen interessiert, es ist an den Schmetterlingen interessiert, es ist an den Kieselsteinen am Strand interessiert. Es ist daran interessiert, unter den Sternen zu tanzen, in der Sonne zu tanzen, im Wind zu tanzen. Es ist daran interessiert, auf den Baum zu klettern oder auf den Berg zu klettern. Es ist daran interessiert, im Fluss zu schwimmen oder ins Meer zu gehen. Seine Interessen sind total anders, aber wir lenken all seine Energien um.

Wir sagen: „Nicht nötig, auf den Baum zu klettern, nicht nötig, auf den Berg zu klettern – klettere die Leiter des Erfolgs hoch!" – was ein absolut banaler Vorgang ist, was ein absolut unintelligenter Vorgang ist. „Erklimme die Leiter des Erfolges, werde reicher als andere. Hänge die anderen ab, sei ein Neider, ergreife Besitz, stürze dich in den Kampf!" – einen Kampf um Dinge, die sinnlos sind. Dann verlierst du deine Freude, dann verlierst du dein Lachen. Dann erscheint das Leben mehr wie ein Alptraum als wie ein schöner Witz.

Es ist ein kosmischer Witz!

Und meine Vision ist, dass die zukünftige Religiosität mehr und mehr im Leben als im Tode verwurzelt sein wird, mehr im Lachen als im Traurigsein, mehr im Tanz als in einem Lebensgefühl, das sich nur so dahinschleppt.

Aus: The Dhammapada: –The Way of the Buddha

Lachen tut gut ...

Mich hat bei der Pointe ein Lachkoller gepackt. Als ich erkannte, dass ich außer Kontrolle gerate, habe ich mir die Hand auf den Mund gelegt und mich gebremst. Ich kann einfach nicht anders - ich liebe es, deinen Geschichten zuzuhören. Ich freue mich schon auf die nächste! Ist das frivol von mir? Sollte ich ernst sein?

ERNST IST KRANKHEIT. ERNST IST PATHOLOGISCH. SEI AUFRICHTIG, ABER sei nie ernst. Und Aufrichtigkeit ist etwas total anderes. Ernst ist etwas Angenommenes, Aufgesetztes. Aufrichtigkeit kommt aus dem Herzen. Aufrichtigkeit ist eine Art Intensität in allem, was du tust. Und es ist gut, dass du einen Lachkoller bekommen hast! Ihn jetzt hinter vorgehaltener Hand zu verstecken ist unecht, manieriert. Lass ihn da sein! Lachen ist gut – gut in jeder Hinsicht: physisch, psychologisch, spirituell. Aber das ist doch nicht frivol!

Man hat uns falsche Dinge beigebracht – genau darum laufen die Leute mit langen Gesichtern durch die Welt. Man hat uns absolut falsche Dinge beigebracht. Die Christen sagen, dass Jesus nie gelacht hat. Warum? Und ich weiß, dass er gelacht hat. Ich kenne ihn sehr gut. Aber die Christen hatten Angst: Ein lachender Jesus würde frivol wirken.

Wie kann ein Heiliger lachen? Der Heilige hat ein langes Gesicht zu haben. Heilige gibt's nur mit langen Gesichtern. Und in Wirklichkeit kann der Mann mit einem langen Gesicht niemals ein Heiliger sein. Lachen ist etwas von sehr überlegener Qualität. Kein anderes Lebewesen als der Mensch kann lachen. Wenn du plötzlich auf der Straße einen Wasserbüffel lachen sehen würdest … du würdest verrückt! Du würdest nie mehr derselbe sein.

Kein anderes Tier als der Mensch kann lachen. Es ist die Würde des Menschen, dass er lachen kann – es ist des Menschen Würde, des Menschen Herrlichkeit. Lachen ist etwas Spirituelles. Es ist nur in höheren Intelligenzstufen beheimatet. Je intelligenter du bist, desto fähiger bist du, über alles zu lachen. Nicht nur über Dinge, sondern auch über dich. Du wirst fähig, die ganze großartige Absurdität des Lebens, diese tolle Lächerlichkeit des Lebens zu sehen.

Die Christen haben Jesus sehr traurig aussehen lassen. Darum wirken die Bilder von Jesus oder die Skulpturen seines Gesichtes alle ein wenig abstoßend. Ihnen fehlt jene Freude, die bei Krishna zum Ausdruck kommt – seine Flöte, sein Tanz. Ihnen fehlt jenes Lachen, das ihr auf den Bildern Bodhidharmas, den Bildern Laotses finden könnt. Ihnen fehlt jene herrliche Eigenschaft, die ihr in einem Genie wie Tschuangtse finden könnt – das Genie des Absurden. Jesus muss gelacht haben, denn er war ein sehr erdiger Mann. Er hat gutes Essen geliebt, er hat gute Gesellschaft geliebt, er hat Leute geliebt. Er hat gut gegessen und er war auch ein Trinker. Nun, ein Trinker – und nicht lachen? Das ist unmöglich. Und er muss Witze erzählt haben. Glaubt mir! Ein Trinker – und keine Witze erzählen? Die Evangelienschreiber müssen sie weggelassen haben. Selbst meine Lektoren haben manchmal das Gefühl, dass das jetzt zu viel ist, nicht druckbar!

Aber ich erlaube ihnen nicht, irgendwas wegzulassen. Die Evangelien wurden geschrieben, nachdem Jesus tot war, dreihundert Jahre später. Also hatten die Lektoren absolute

Freiheit zu tun, was sie wollten. Ich weiß: Wunderschöne Witze sind weggelassen worden. Jesus war ein Jude – und die Juden haben die besten Witze der Welt.

Keine Angst, du bist nicht frivol. Und manchmal ist es schön, sogar frivol zu sein. Selbst frivol zu sein hat manchmal etwas Großartiges, eine Schwerelosigkeit, eine Schönheit, eine Anmut. Ich akzeptiere das Leben in all seinen Farben, den ganzen Regenbogen: von Frivolität bis Aufrichtigkeit.

Nur für dich werde ich jetzt zwei Witze erzählen:
Finkelsteins Vater war sehr betrübt; denn sein Sohn machte genau die zwei Dinge, die ein guter Jude nicht machen sollte – Schinken essen und mit nicht-jüdischen Frauen ausgehen. Schließlich klagte er dem Rabbi sein Leid.
„Rabbi", schluchzte er, „ich weiß nicht, was ich machen soll! Jedes Mal, wenn mein Sohn Ezra Schinken sieht, haut er sofort seine Zähne rein, und wenn er ein nicht-jüdisches Mädchen sieht, herzt und küsst er es."
Also muss Ezra beim Rabbi antreten. „Was höre ich da von deinem Vater?", will der Rabbi mit lauter Stimme wissen. „Du haust mit den Zähnen in Schinken rein und küsst Christenmädchen? Was ist los mit dir?"
„Rabbi, was soll ich machen?", sagt Ezra betreten.
„Ich bin verrückt!"
„Unsinn", sagt der Rabbi. „Wenn du in das Mädchen beißen und den Schinken küssen würdest, dann wärst du verrückt. Aber so wie die Dinge liegen, ist alles in Ordnung, und du bist völlig normal. Nur mach es nie wieder!"
Und der zweite:
Da gab's diesen Barbesitzer, der ständig von seinen männlichen Gästen genervt wurde, ihnen die Namen und

Adressen von Prostituierten zu nennen. Eines Tages beschloss er, eine richtige Nebeneinnahme draus zu machen, besorgte sich ein paar Mädchen und brachte sie in ein paar Räumen über der Bar unter. Wenn dann ein Gast ein Mädchen wollte, schickte er ihn einfach rauf. Ein paar Tage nach Eröffnung seines Nebenerwerbs kam ein Kunde empört runter und beschwerte sich über die Stümperhaftigkeit, mit der man ihm soeben einen geblasen hätte. Der Besitzer forderte den Mann auf, ihm wieder nach oben zu folgen, trommelte seine drei Mädchen im Schlafzimmer zusammen und bat den Mann, sich noch mal aufs Bett zu legen.
Dann wandte er sich an die Mädchen und sagte: „Okay, Girls, einmal zeig ich euch mal, wie's gemacht wird. Aber dann habt ihr's verdammt noch mal kapiert!"

Mach dir keine Gedanken um Frivolität – die gehört auch zum Leben. Und ein echtes Leben enthält alles; es hat alle Nuancen, alle Noten und alle Farben. Lache also ruhig aus vollem Halse. Nicht nötig, es zu verstecken. Ich möchte, dass mein Ort ein Ort des Lachens, der Freude, der Festlichkeit ist. Ich möchte für euch ein Festival sein.

Aus: Die Mysterienschule

Wenn wir die Welt mit Lachen füllen können

Wenn ernste, traurige Menschen erleuchtet werden, bleiben sie dann ernst und traurig, oder werden sie so lustig wie du?

WER HAT JE GEHÖRT, DASS ERNSTE MENSCHEN ERLEUCHTET WERDEN? Ein ernster Mensch kann nicht erleuchtet werden. Ernst ist eine Krankheit, sie ist der Krebs der Seele. Ernst ist eine verkehrte, eine völlig verkehrte Lebenseinstellung. Wie kannst du zur Wahrheit gelangen, wenn du sie verkehrt angehst? Ein ernster Mensch ist einfach krank, pathologisch. Natürlich, seit Jahrtausenden beherrschen uns die ernsten Menschen, denn das ist die ganze Freude ihres Lebens, andere Freuden kennen sie nicht – die Freude am Herrschen.

Von Khalil Gibran gibt es eine wunderbare Parabel.
Jeden Tag macht er einen Morgenspaziergang, und er geht über ein Feld, auf dem eine Vogelscheuche steht. Die Vogelscheuche erfüllt ihren Zweck: Sie vertreibt Tiere und Vögel vom Feld. Eines Tages fragt Khalil Gibran die Vogelscheuche: „Du stehst hier jahrein, jahraus, du musst doch sehr müde sein und dich langweilen."
Aber die Vogelscheuche antwortet: „Nein. Kann sein, dass ich gelangweilt aussehe, kann sein, dass ich sehr ernst aussehe, aber mein Job macht mir Freude." Khalil Gibran sagt: „Was denn für eine Freude? Ich sehe hier nichts, worüber du dich freuen könntest."

> Sie antwortet: „Es macht mir solchen Spaß den Leuten Angst einzujagen! Tagein, tagaus jage ich Tieren und Vögeln einen Schreck ein. Sie rennen vor mir weg. Ich bin der Größte in der ganzen Gegend, ich bin der Mächtigste. Jeder fürchtet mich. Meinst du nicht, dass das mehr ist, als man vom Leben erwarten kann?"

Der Ernste macht das seit ewigen Zeiten so. Im Namen der Politik, im Namen der Religion, im Namen der Erziehung, im Namen der Moral quält er die anderen: Das ist seine einzige Freude. Er ist von Grund auf Sadomasochist.

Kein Sadomasochist kann erleuchtet werden. Und von hundert Menschen, die ihr für erleuchtet haltet, sind 99,9 Prozent nicht erleuchtet – nichts als eine traditionelle Vorstellung, und ihr haltet sie aufrecht. Man hat euch erzählt: Dieser Mensch ist „erleuchtet". Es gibt kein Kriterium, nach dem das beurteilt werden kann – denn für Christen ist Jesus erleuchtet, für die Jains ist er es wieder nicht; sie haben ein anderes Kriterium. Das wird euch vielleicht überraschen. Den Christen erscheint Mahavir vielleicht überhaupt nicht erleuchtet, sie legen einen anderen Maßstab an.

Die Christen sagen, Jesus habe in seinem ganzen Leben nie gelacht. Das muss absolut gelogen sein. Ich kann es nicht glauben, dass er nie gelacht hat: Sein Leben drückt ein ganz anders Flair aus. Es ist unmöglich, sich vorzustellen, dass er nie lachte. Aber die Christen behaupten, er habe nie gelacht. Warum? – Weil ein erleuchteter Mensch ernst sein muss, sehr ernst, beladen mit allen Problemen der Welt. Er ist gekommen, um alle Probleme zu lösen, er ist gekommen, die Menschheit zu retten. Er ist der Retter, er ist der Messias; er muss euch von euren vergangenen Sünden retten, und gleichfalls von den zukünftigen, möglichen Sünden. Natürlich trägt er auf seinen Schultern eine Last, so schwer wie der ganze Himalaja – wie kann er da lachen? Es ist unmöglich. Aber die ganze Vorstellung, dass euch jemand retten muss, ist widerwärtig; diese Vorstellung zerstört eure Freiheit. Jetzt wird euch nicht mal mehr erlaubt, für eure Sünden zu leiden – ein anderer muss dafür leiden. Eure ganze Verantwortung wird euch genommen.

Andere Traditionen sehen das anders. Buddha zum Beispiel ist nicht dieser Meinung. Er sagt: „Sei dir selbst ein Licht. Niemand anderes kann dich retten." Daher ist Buddha nicht so ernst; es ist nicht nötig, er hat keinen Anlass, ernst zu sein. Er ist frei von all seinen eigenen Problemen, er ist erlöst. Eine subtile Freude erfüllt ihn. Aber die Christen halten Buddha für selbstsüchtig – er denkt nur an sich selbst. Und wie kann ein erleuchteter Mensch selbstsüchtig sein? Jesus ist erleuchtet, weil er an die ganze Menschheit denkt.

Mahavir lebte nackt. Das ist das Jain-Konzept von einem erleuchteten Menschen: Ein erleuchteter Mensch verzichtet auf alles. Er wird nackt leben, und weil er frei von allen Sünden ist, kann er nicht leiden. Jesus aber leidet sehr am Kreuz. Nun, nach der Jain-Philosophie leidest du aufgrund deines schlechten Karmas aus der Vergangenheit. Wenn Jesus am Kreuz leiden muss, dann zeigt das lediglich, dass er noch Karma hat – er muss dafür bezahlen; jede Handlung muss gebüßt werden.

Und Mahavir … es heißt, wenn ein Dorn auf Mahavirs Weg lag, dann drehte sich dieser sofort um, sobald er Mahavir kommen sah. Denn Mahavir ist frei von Sünden, und so kann der Dorn Mahavir kein Leid zufügen – ganz zu schweigen von Kreuzigung! Aber Mahavir ist ernst.

Krishna ist nicht ernst. Krishna tanzt, singt und spielt auf seiner Flöte. Als Bodhidharma erleuchtet wurde, konnte er sieben Tage lang nicht aufhören zu lachen. Von allen Seiten befragt, antwortete er nur so viel: „Ich lache, weil die ganze Sache so lächerlich war. Die Gans war immer draußen, und ich habe mich bemüht, sie aus der Flasche zu holen, und dabei hat die Flasche nie existiert. Die ganze Mühe war völlig absurd, lächerlich. Ich lache über mich selbst und ich lache über die ganze Welt, weil die Menschen versuchen, etwas zu tun, was überhaupt nicht nötig ist. Die Menschen geben sich die größte Mühe, und je mehr Mühe sie sich geben, desto schwieriger wird es. Genau ihre Mühe ist die Schranke!"

Wie wollt ihr entscheiden, wer erleuchtet ist und wer nicht? Erst vor ein paar Tagen erhielt ich einen Brief, in dem stand: „Wenn du wirklich erleuchtet wärst, würdest du dich im Himalaja verstecken, denn erleuchtete Menschen bleiben immer im Verborgenen. Sie bleiben unerkannt, sie bleiben unbesungen."

Nun, wenn dieser Mensch Recht hat, dann sind Mahavir, Buddha, Jesus, Krishna, Rama, Zarathustra, Mohammed – dann ist keiner von ihnen erleuchtet; denn sie sind alle wohlbekannt, weltberühmt. Sie versteckten sich nicht im Himalaja, sie lebten nicht anonym, sie starben nicht unbesungen. Und es ergibt sich eine weitere Frage: Wie hat dieser Mensch überhaupt erfahren, dass einige Menschen verborgen im Himalaja leben, unbesungen, unerkannt – eben die wenigen, die er für wahrhaft erleuchtet hält? Wie hat er also von ihnen erfahren? Denn wenn er von ihnen weiß, dann sind sie nicht unerkannt. Es sei denn, er ist der Einzige, der das Geheimnis kennt! Aber es wimmelt von solchen Dummköpfen; sie stellen unentwegt ihre eigenen Vorurteile zur Schau.

Ich werde euch nicht erzählen, wer erleuchtet ist und wer

nicht, aber ich will euch ein einfaches Kriterium nennen, dass ihr verstehen könnt und das euch als Licht dienen kann. Eines ist absolut sicher: ein Sado-Masochist kann nicht erleuchtet sein. Wer sich selbst und andere quält und diese Quälerei genießt, kann nicht erleuchtet sein. Erleuchtung ist voller Seligkeit, sie kann nicht ernst sein. Sie kann ehrlich sein, aber nicht ernst. Sie ist reine Freude! Sie ist reine Ekstase.

Du fragst: *Wenn ernste, traurige Menschen erleuchtet werden …* Ich habe nie davon gehört! Wenn du von einem traurigen, ernsten Menschen gehört hast, der erleuchtet wurde, dann war er entweder nicht traurig und ernst oder du hast dich verhört. Ernste, traurige Menschen werden etwas anderes, sie werden nicht erleuchtet. Sie werden Päpste, Mutter Theresas, Mahatma Gandhis, Morarji Desais, Shankaracharyas, Ayatollah Khomaniker, Imams, Priester. Die Kirchen, Synagogen, Tempel, Moscheen, Gurudwaras – sie alle sind voll von solchen Leuten; das sind ernste Leute. Sie sammeln sich um einen erleuchteten Menschen und fangen an, alles zu zerstören, was er zum Blühen gebracht hat. Sie beginnen, eine tote Tradition zu schaffen – und eine Tradition muss ernst sein, eine Tradition kann nicht unernst sein.

Ein erleuchteter Mensch ist immer fröhlich, aber keine Tradition, keine Konvention kann fröhlich sein. Die ganze Struktur einer Tradition ist von Grund auf politisch: Sie ist da, um zu herrschen, sie ist da, um zu unterdrücken, sie ist da, um auszubeuten. Und man kann Menschen nicht spielerisch ausbeuten, man muss sehr ernst dabei sein. Man muss sie so traurig machen, so ängstlich vor dem Leben selbst, man muss ihr Inneres so zum Zittern bringen, dass sie einem vor lauter Angst in die Hände fallen. So werden sie zu Objekten, mit denen man schalten und walten kann.

Ein Mensch wie ich kann euch nicht recht ausbeuten. Denn dieser ganze Ort hier ist mehr Kneipe als Kirche, er ist eher spielerisch als ernst. Wir spielen hier alle ein wunderbares Spiel! Sobald ihr es als Spiel seht, verschwindet aller Ernst, wird alles leichter; euer Schritt wird federleicht, es drückt euch nicht nieder.

Aber Priester können so etwas nicht, ihr ganzes Programm hängt von ihrem Ernst ab. Je ernster sie sind, je düsterer sie aussehen, desto heiliger können sie tun ... und sie werden alles dransetzen, sie werden fasten – natürlich wird ein Mensch, wenn er fastet, sehr ernst; er kann nicht lachen – und du kannst auch keinem anderen erlauben zu lachen. Das ist nicht zum Lachen! Du leidest Hunger; du opferst, kreuzigst dich selbst, und die Leute lachen? Das ist unverzeihlich, das kann nicht vergeben werden.

Und natürlich ist es ansteckend! Wenn du zu jemandem gehst, der fastet, musst du ernst sein. Das gebietet der primitivste Anstand. Nun, ein Mensch, der auf jede erdenkliche Art seinen Körper entstellt, der auf jede erdenkliche Art seinen Körper quält – wie kannst du da lachen! Die ganze Szene ist traurig, sie bedrückt dich. Es ist sehr schwierig, es mit diesen so genannten Heiligen auszuhalten. Deshalb machen die Leute nur Anstandsbesuche und verschwinden so schnell wie möglich, denn länger bei ihnen zu sitzen heißt, dass sie dich nur bedrücken werden – sie geben dir Schuldgefühle. Wenn sie zum Beispiel fasten und du hast gut gegessen, dann entstehen zwangsläufig Schuldgefühle. Wenn sie auf dem Kopf stehen und du stehst einfach nur auf zwei Beinen, dann machst du etwas falsch. Natürlich wirst du meinen: „Ich bin noch kein perfekter Mensch – dieser Mensch, der auf dem Kopf steht, der ist perfekt."

Seht ihr die pure Dummheit an der ganzen Sache? Wenn Gott gewollt hätte, dass ihr auf dem Kopf steht, hätte er dafür gesorgt! Wenn Gott eine homosexuelle Welt gewollt hätte, hätte er Adam und Brutus geschaffen – so einfach ist das!

Warum Eva ins Spiel bringen? Unnötige Probleme! Aber diese dummen Menschen tun unentwegt das Unnatürliche, und genau ihre unnatürliche Einstellung zum Leben macht sie natürlich ernst. Sie schwimmen immer gegen den Strom, sie sind erschöpft, müde, gelangweilt – aber ihre einzige Freude ist, auch euch zu langweilen.

> Levi kann sich nicht entschließen, was sein Sohn werden soll. So geht er zum Rabbi und fragt um Rat.
> Der Rabbi sagt: „Das ist ganz leicht. Wir legen den Talmud, die Thora und ein paar Geldscheine auf den Tisch und lassen ihn wählen. Nimmt er den Talmud, wird er Rabbi. Wenn er die Thora nimmt, wird er Jurist. Wenn er das Geld nimmt, macht er ein Geschäft auf."
> Levi ist einverstanden und ruft seinen Sohn. Der schaut sich an, was auf dem Tisch liegt – und nimmt dann alles.
> Levi ist perplex.
> „Was wird er jetzt werden?" fragt er den Rabbi.
> „Katholischer Priester", antwortet der.

Diese traurigen Geschöpfe werden katholische Priester, hinduistische Shankaracharyas, muslimische Imams und dergleichen. Solche ernsten Menschen verlieren ihre Menschlichkeit, sie werden zu Papageien. Aber es macht sich bezahlt.

Als Papagei brauchst du nicht viel Mut – wenn dein Gedächtnis einigermaßen funktioniert und du die Veden, die Gita, den Koran hersagen kannst, wirst du respektiert und geehrt. Du machst nichts Kreatives, du trägst nichts zur Schönheit der Welt bei, du fügst der Erde und ihren Freuden nichts hinzu, im Gegenteil: Du zerstörst. Aber die Menschen wurden seit Jahrtausenden konditioniert, und so machen sie ständig alles nach ihrem Programm. Papageien werden hoch geehrt.

> Ein Bauer hat einen Papagei, der immer „Heil Hitler!" schreit. Eines Tages hat der Bauer den Papagei satt und sperrt ihn in den Hühnerstall. Der Hahn geht auf den Papagei zu und fragt: „Sag mal, wieso hat dich der Bauer hier eingesperrt?"
> Der Papagei schweigt. „Ich gebe dir vier von meinen Hühnern, wenn du es mir sagst", fährt der Hahn fort, aber der Papagei bleibt still. „Hör zu, wenn du es mir erzählst, warum er dich hier eingesperrt hat, gebe ich dir zehn von meinen Hühnern."
> Der Papagei dreht sich um und schreit: „Kannst du mich nicht in Ruhe lassen? Ich bin ein politischer Gefangener!"

Diese traurigen Leute – entweder werden sie Priester oder Politiker oder sie werden bedeutende Pädagogen, Professoren, Philosophen, Theologen. Aber sie werden niemals erleuchtet, so viel ist absolut sicher – das liegt in der Natur der Dinge.

Um erleuchtet zu werden, braucht man die Leichtigkeit einer Blüte, die Leichtigkeit einer Feder, die schillernden Farben eines Regenbogens. Man braucht die Freude der Vögel am Morgen, man braucht die Freiheit der Wolken. Man braucht nur eines: Ein Herz voller Ekstase – nicht die Ekstase des Absoluten, nicht die Ekstase des Paradiesischen, sondern die Ekstase des Hier und Jetzt, die Ekstase dieses Augenblicks: Deine Augen sind voll von genau diesem Augenblick.

Nichts anderes ist da, keine Vergangenheit, keine Zukunft. Dieser Augenblick durchdringt dich so total, so intensiv, so leidenschaftlich, dass nichts mehr übrig bleibt. Nur diese wenigen wurden erleuchtet.

Deshalb sage ich: Wenn du in fröhlicher Gewöhnlichkeit lebst, bist du erleuchtet. Man braucht dazu keinen spirituellen Unsinn, keinen esoterischen Unsinn.

Im Eigenheim der Familie Rabinowitz blätterte von der Klobrille die Farbe ab. Sidney versprach, sie an seinem freien Tag zu streichen. Er hatte noch einen schönen, leuchtend grünen Lack in der Garage stehen und brachte damit einen frischen, glänzenden Anstrich an.
Ethel ging auf die Toilette mit ihrer Illustrierten, setzte sich, um zu meditieren und zu lesen. Als sie aufstehen wollte, merkte sie, dass sie festhing! Gellend schrie sie nach Sid.
Er zog und zog, konnte sie aber nicht loskriegen.
Ethel rief verzweifelt: „Was stehst du hier so dumm rum? Ruf den Arzt. Zumindest weiß er, wie man ein festgeklebtes Pflaster entfernt, ohne dass die Haut abreißt!"
Sidney rannte zum Telefon und bat den Doktor, sofort rüberzukommen, es sei ein echter Notfall!
Der Doktor entschuldigte sich, er hätte ein Wartezimmer voll Patienten und könne erst in zwei Stunden kommen.
Sid hatte eine glänzende Idee. Er schraubte die Klobrille ab, sodass sie sich bäuchlings aufs Bett legen und warten konnte, bis der Doktor kam. Zwei Stunden erschienen ihr wie vier, aber schließlich kam doch der Arzt.
Sidney führte ihn ins Schlafzimmer, zeigte auf seine Frau und sagte: Na, Doktor, ist das was? Was halten Sie davon?"
Der Doktor schaute gedankenverloren hin und sagte dann:

„Doch, sehr hübsch … aber warum ein so billiger Rahmen?“

Das Leben muss heiter genommen werden! Das Leben ist so voller Lachen, es ist so lächerlich, es ist so lustig, dass du nicht ernst sein kannst, es sei denn, deine Säfte sind vollkommen vertrocknet. Ich habe mir das Leben aus jeder erdenklichen Perspektive angeschaut, und es ist immer lustig, wie du es auch betrachtest!

Es ist ein so wunderbares Geschenk aus dem Jenseits!

Ich bin gegen jegliche Art von Ernst. Ich gehe alles mit Humor an – und die höchste religiöse Eigenschaft ist der Sinn für Humor, nicht Wahrheit, nicht Gott, nicht Tugend, sondern der Sinn für Humor.

Wenn wir die ganze Welt mit Lachen füllen können, mit tanzenden und singenden Menschen – singend und beschwingt –, wenn wir die Welt zu einem Karneval der Freude machen können, zu einem einzigen Feuerwerk, dann haben wir der Erde zum ersten Mal den Sinn für wahre Religiosität geschenkt.

Aus: Die Gans ist raus

Lachen ist die Essenz von Religion

Gibt es einen Sinn für Humor, der nichts mit dem Verstand zu tun hat? Für mich hat Meditation etwas Ernstes, und meiner Erfahrung nach kommt der Sinn für Humor durch Missverständnisse zustande - wirkliche oder eingebildete - deren Wurzel im Verstand liegt. Kann Lachen auch aus dem Nicht-Denken kommen?

ES STIMMT, DASS DER SINN FUR HUMOR EIN TEIL DES VERSTANDS IST, aber das heißt nicht, dass das schon alles ist. Es gibt einen Sinn für Humor, den selbst dein Körper haben kann, es gibt einen Sinn für Humor, den dein Verstand haben kann, und es gibt einen Sinn für Humor, der nur zustande kommt, wenn du außerhalb des Verstandes bist. Sie alle haben unterschiedliche Eigenschaften.

Zum Beispiel kann man ein kleines Kind, dessen Verstand überhaupt noch nicht entwickelt ist, zum Lachen bringen, indem man es am Bauch berührt. Und das macht ihm so einen riesigen Spaß, wie es ihn nie mehr im Leben haben wird. Das hat noch gar nichts mit dem Verstand zu tun. Du hast einfach seine empfindlichen, humorvollen Körperstellen berührt. Gemeinhin kommt Humor meist durch *„wirkliche oder eingebildete Missverständnisse, deren Wurzel im Verstand liegt."* Bei den meisten Witzen wird der Humor durch eine plötzliche, unerwartete Wendung ausgelöst. Die ganze Wissenschaft des Witzes besteht darin, dass er dich zu einem gewissen Höhepunkt der Erwartung bringt – Schritt für Schritt –, und dann kommt eine plötzliche Wendung, die du nicht erwartet hast. Die ganze Spannung, die sich angesammelt hat, entlädt sich in Gelächter. Am besten erzähle ich euch einen Witz…

> Danny entdeckt, dass ihn seine Frau mit einem anderen betrügt, und so geht er zu dessen Frau und erzählt es ihr. Sagt sie: „Weißt du, was wir machen? Wir rächen uns einfach an ihnen!"
> Also fahren sie zusammen in ein Motel und rächen sich.
> „Komm, wir rächen uns noch mal!", sagt sie.
> Und sie rächen sich wieder und wieder.
> Schließlich sagt Danny: „So, jetzt habe ich mich genug gerächt – ich habe einfach nicht mehr die nötige Härte!"

Das Ende ist so, wie du es nicht erwartet hast – du wärst nie darauf gekommen, dass es auf diese Weise enden würde. Das bringt dich plötzlich zum Lachen. Es ist eine Entladung von Spannung.

> Eine Untersuchung der sexuellen Verhaltensweisen von Männern hat kürzlich gezeigt, dass sich nach dem Geschlechtsverkehr zwanzig Prozent aller Befragten auf die andere Seite drehen und einschlafen.
> Zwei Prozent nehmen eine Dusche, drei Prozent gehen zum Kühlschrank und essen eine Kleinigkeit – und siebzig Prozent stehen auf, ziehen sich an und gehen nach Hause.

Es stimmt, Humor kommt meistens im Leben aus dem Verstand – wenn er sich in einer Situation befindet, mit der er nicht gerechnet hat.

Deine Frage lautet: *Kann denn Lachen auch aus dem Nicht-Denken kommen?* Ja. Aber das ist eine völlig andere Art von Lachen. Es ist das Lachen über sich selbst.

Zum Beispiel Bodhidharma – als er erleuchtet wurde und zum ersten Mal die Welt jenseits vom Verstand betrat, begann er zu lachen – und er hörte nicht mehr damit auf, bis er starb. Viele Leute fragten ihn: „Warum lachst du die ganze Zeit?" Er sagte: „Ich lache, weil das, wonach ich gesucht habe, immer in mir war. Ich war so ein Idiot! Ich kann es nicht glauben, dass ich so viele Leben lang nach etwas gesucht habe, das bereits in mir war. In Wirklichkeit war der Suchende das Gesuchte, war der Suchende das Ziel. Es gab gar kein anderes Ziel zu finden als mich selbst. Und wenn ich sehe, wie andere dasselbe tun, kann ich nicht aufhören zu lachen, weil die ganze Suche, die ganze Spiritualität so lächerlich ist. Es ist dein, und du suchst danach! Es war nie verloren, und du suchst danach. Es kann gar nicht verloren gehen, und du suchst danach. Selbst wenn du es verlieren wolltest, könntest du es nicht, denn du bist es!"

Es gibt da also ein bestimmtes Lachen ... aber dabei lachst du nicht über andere, sondern über deine eigene lächerliche Suche. Sobald du über alles Denken hinausgehst, erkennst du plötzlich: „Mein Gott, dieser Raum war immer in mir, und ich habe in den hintersten Ecken der Welt danach gesucht! Ich bin in den Himalaja gezogen, ich habe heilige Männer aufgesucht, ich habe mich mit unerträglichen Techniken diszipliniert, ich habe gefastet, mich selbst gequält. Ich habe alles getan – und es ist in mir."

Ich habe von einem amerikanischen Sucher gehört ...

Er war ein superreicher Mann, und da er alles hatte, hing ihm alles zum Halse heraus. Je mehr man hat, desto mehr wird man gewahr, dass es einen nicht befriedigen wird. Der Arme befindet sich da in einer besseren psychischen Verfassung, denn er hat Hoffnung, dass er morgen ein besseres Haus, einen besseren Job, mehr Gehalt, ein besseres Auto haben wird. Es gibt Millionen von Hoffnungen, wohin er auch schaut – die sich nie erfüllen werden. Und es ist gut, dass sie sich nicht erfüllen werden. Der Superreiche findet sich in einer sehr seltsamen Lage: Alle Hoffnungen haben sich erfüllt, und seine Hände sind leer, sein Dasein ist leer, nichts ist gefunden worden. Das Leben hat ihn betrogen. Diese Hoffnungen haben sich alle als Fata Morgana erwiesen.

Der Mann brach also auf, um nach einem weisen Mann zu suchen, der ihm den Weg zeigen kann, wie er die wirkliche, die höchste, die absolute Wahrheit finden könne. Und er reiste um die Welt und suchte bis zur Erschöpfung.

Er kam in dies Land und jemand erzählte ihm: „In den Ebenen wirst du einen solchen Weisen nicht finden. Du wirst in den Himalaja gehen müssen. Wir haben gehört, dass es dort einen alten Mann gibt, niemand weiß, wie alt – steinalt. Wenn du ihn finden kannst, wird sich deine Suche vielleicht erfüllen."

Der Mann war unbeugsam, hartnäckig. Die Reise war hart, beschwerlich, aber er schaffte es. Zerrissen, ermüdet, gelangte er irgendwie hin, und er sah den Alten unter einem Baum sitzen, auf allen Seiten umgeben vom ewigen Schnee. Er war so müde, dass er nicht einmal gehen konnte. Er musste auf allen Vieren auf den Alten zukriechen, warf sich ihm zu Füßen und sagte: „Ich habe dich doch gefunden. Man hat mir gesagt, es sei sehr schwer, herzufinden – es war schwerer, als ich dachte. Aber Gott ist gnädig. Sag mir also, wie ich Frieden, Freude, Weisheit finden kann."

Der alte Mann sah ihn an und sagte: „Erst das Wichtigste: Hast du amerikanische Zigaretten dabei?"

Er konnte es nicht glauben – war das die richtige Art von Frage? Aber mit dem Alten zu streiten, war nicht gut, denn der könnte wütend werden oder sonstwas. Er sagte ja. Also holte er seine letzten paar Zigaretten und das Feuerzeug raus. Der alte Mann nahm sie, fing an zu rauchen, und der erschöpfte Mann schaute zu – was ging vor? Und er sagte: „Und ich?"

Der alte Mann sagte: „Warte, lass mich die Zigarette zu Ende rauchen, denn ich habe darauf gewartet, dass mir jemand eine Zigarette mitbringt. Seit Jahren schon."

Der Mann sagte: „Ich sterbe vor Müdigkeit, und du rauchst meine Zigaretten vor meinen Augen. Und ich habe dich für einen Erleuchteten gehalten!"

Er sagte: „Alles ist in Ordnung. Ich bin erleuchtet. Aber erleuchtet heißt nicht, dass man keine Zigarette rauchen darf. Wer hat dir das erzählt?"

Er sagte: „Niemand, aber ich hatte mir nur gedacht, dass Rauchen etwas für gewöhnliche Leute ist."

Er sagte: „Du irrst. Du kannst jetzt mit eigenen Augen sehen – du bist Augenzeuge. Du hast gesehen, wie ein Erleuchteter eine Zigarette raucht."

Er sagte: „Ich möchte nicht weiter drüber reden. Sag du mir nur – denn das Leben ist kurz, und ich bin so müde – sag mir nur, was ich jetzt machen soll."

Er sagte: „Jetzt kehrst du wieder heim, ruhst dich gut aus und kommst dann wieder her. Und vergiss das nächste Mal nicht, mir eine Havanna mitzubringen. Denn ohne eine Havanna verrate ich niemandem je die Wahrheit."

Der Mann war äußerst schockiert. „Ich habe nie davon gehört … Ich habe alle Schriften gelesen, großen Predigten gelauscht, ich habe noch nie gehört, dass eine Havanna nötig ist, bevor man etwas über die Wahrheitssuche sagen kann."

Er sagte: „Jeder Erleuchtete ist einzig in seiner Art. Das hier ist meine Bedingung. Es ist dir überlassen ... Wenn dir nicht danach ist, wiederzukommen, dann bleib weg. Denn ich habe viele andere ausgeschickt, die kommen werden. Wie glaubst du denn, dass ich hier überlebe? Du bist nicht der einzige Narr, der auf der Suche nach sich selber hergekommen ist. Viele andere auch, und viele andere werden kommen, und ich stelle eine simple Bedingung: Bringt eine Havanna-Zigarre mit."

Der Mann sagte: „Okay, ich will nach Hause zurückkehren, und wenn ich noch lebe, werde ich dir die Havanna bringen. Aber versprich mir, dass du keine weitere Bedingung stellst."

Er sagte: „Du solltest dir eines merken: Erleuchtete versprechen nie etwas. Denn wer weiß, was morgen ist? Ich könnte es mir anders überlegen. Ich könnte deine Havanna dankend ablehnen. Versuch du dein Bestes, ich werde mein Bestes versuchen, und dann wollen wir sehen, was passiert. Aber fürs Erste mach, dass du fortkommst. Ich habe genug an den Zigaretten, die du mitgebracht hast. Lass mich sie genießen."

Der Mann war völlig frustriert. Aber er kehrte heim, und nach und nach ging ihm durch den Kopf: „Vielleicht ist das ja eine versteckte Botschaft. Hat er nicht gesagt: ‚Geh heim und ruh dich gut aus.' Vielleicht hat er das allegorisch gemeint. Wo ist denn mein Zuhause?" In Büchern hatte er davon gelesen, dass das wahre Zuhause innen ist. Und wie kann man dieses Zuhause finden? Versetze dich in einen sehr entspannten, ausgeruhten Seelenzustand, und du wirst das Zuhause finden.

Er sagte: „Mein Gott, er hat es mir verraten, und ich habe ihm nicht einmal gedankt! Ich will ihm die Havanna bringen, einfach aus Dankbarkeit!"

Ich habe diese Geschichte seit jeher geliebt. Ob der Mann je zurückkam, weiß ich nicht; ob der alte Mann gemeint hatte, was der Mann sich mit „Zuhause" und „Ruhe" zurechtlegte, ist ebenfalls nicht klar. Aber wie auch immer – der Mann hatte die Botschaft begriffen. Er ging heim, entspannte sich, ruhte sich aus und versuchte zum ersten Mal, sein Innerstes zu betreten – das Zuhause zu finden. Denn die Wände deines Hauses sind nicht dein Zuhause.

Dein Körper ist die Wand; dein Verstand ist die Wand. Hinter deinem Körper und Verstand ist dein wirkliches Zuhause… deine eigentliche Lebensquelle. Wenn jemand sie findet, schüttelt er sich vor Lachen: „Ich habe unnötig Kopfstand gemacht, meinen Körper verknotet mit Yogaübungen, gefastet, heilige Pilgerfahrten gemacht, mich in den Bergen, in den Wüsten gefoltert – und die ganze Zeit über trug ich die Wahrheit in mir selber!" Wann immer einer sie findet – könnt ihr euch vorstellen, dass er etwa nicht lacht – über sich selbst lacht? Der Verstand lacht über andere. Jenseits vom Verstand gibt es nur ein einziges Lachen, aber es tönt für Jahrhunderte fort. Der Ort, wo Bodhidharma erleuchtet wurde … Ich bin an dem Ort gewesen. Er wurde vor vierzehn Jahrhunderten erleuchtet, und man hat zu seinem Gedenken einen Tempel errichtet, an dem Ort, wo er zum ersten Mal loslachte. Und man erzählt, dass wenn du dich still in den Tempel setzt, das Lachen immer noch hören kannst.

Es gibt eine Statue von Bodhidharma. Er war ein sehr seltsamer Mensch. Würde er euch nachts begegnen, würdet ihr nie wieder nachts das Haus verlassen. Er hatte so große Augen, dass er nur ein einziges Mal in dich hineinzuschauen brauchte – und das reichte für die Erleuchtung! Und sein Lachen muss ein großes Lachen gewesen sein, denn er hatte einen sehr guten, sehr großen Bauch. Selbst auf der Statue hat der Bauch Lachfalten. Ich hatte nicht die Zeit, mich in dem Tempel dort hinzusetzen. Aber ich weiß, dass wenn man sich dort im Tempel hinsetzt, in der Stille des Waldes, man vielleicht das Lachen hören kann. Vielleicht hallen die Berge, die Bäume, die Felsen um den Tempel her noch von jenem großen Mann wider. Ich habe in das Leben so mancher großer Menschen hineingeschaut, aber Bodhidharma steht einsam da ... sehr seltsam und sehr einmalig.

Es ist möglich, dass sein Lachen so ansteckend war, dass die Bäume zu lachen begannen und die Berge zu lachen begannen. Obwohl Bodhidharma tot ist, lachen sie immer noch. Sie können nicht damit aufhören. Wenn du dem ganzen Gedanken folgen kannst, wirst du ihn vielleicht wirklich hören – oder du magst es dir vorstellen. Aber ich habe Menschen kennengelernt, die es gehört haben, denn sie haben mir davon erzählt. Ich bin dort gewesen, aber ich hatte nicht Zeit genug, im Tempel zu bleiben, denn die richtige Zeit ist um Mitternacht – um die Zeit wurde er erleuchtet. Und vor allem in der Vollmondnacht eines bestimmten Monats – wenn du da in dem Tempel weilst, ist um Mitternacht die Wahrscheinlichkeit groß, dass du entweder das Lachen hören wirst oder – zu lachen beginnst. Das ist es, was ich hier mache ...

Schon der bloße Gedanke daran, dass du ein solcher Idiot bist: Ein Mann, der vor vierzehn Jahrhunderten gestorben ist, und du sitzt da und wartest darauf, jetzt sein Lachen zu hören!

Der Körper hat seine eigenen „giggle points" – seine Kicherpunkte, G-Punkte. Der Verstand lacht nur über andere. Das Nicht-Denken lacht nur über die eigene Lächerlichkeit. Aber der Sinn für Humor erstreckt sich auf dein ganzes Wesen, vom Körper über den Verstand bis zur Seele.

Ja, alles, was du hast, hat seine Entsprechungen im Körper, im Denken, in der Seele. Am reinsten wird es in der Seele sein, am gröbsten im Körper. Der Verstand ist genau zwischen den beiden, er wird halb primitiv, halb kultiviert sein. Auf die Art funktionieren alle drei Schichten deines Wesens in Harmonie. Und ab und zu magst du auf etwas stoßen, das in allen drei Schichten gleichzeitig geschieht.

Zum Beispiel, als Bodhidharma lachte, kann es nicht nur ein Lachen aus dem Nicht-Denken heraus sein. Es muss in den Verstand hinunter gedrungen sein, Wellen im Verstand geschlagen haben; es muss in den Körper hinunter gedrungen sein, Wellen im Körper geschlagen haben.

Wir sind eine einzige organische Einheit. Alles, was passiert, egal wo, hat sein Echo überall sonst in deinem Dasein. Daher lege ich so viel Gewicht auf den Sinn für Humor.

Ich bin der Erste in der ganzen Menschheitsgeschichte, der den Humor zur heiligen Eigenschaft, zur spirituellen Eigenschaft zu machen versucht. All eure so genannten Religionen sind zu ernst.

Für mich ist Ernst etwas, das krank macht. Lachen hat etwas Gesundes, etwas Schönes, etwas Anmutiges und Tänzerisches. Ich bin absolut für das Lachen und gegen die Traurigkeit. Traurigkeit ist Krankheit und kommt dem Tod sehr nahe. Lachen ist Leben und dem universalen Leben sehr nahe – dem eigentlichen Gott, der sich in allem zeigt.

Aus: The New Dawn

Über Osho

OSHOS LEHREN WIDERSTEHEN jeglicher Kategorisierung, sie gehen von der persönlichen Sinnsuche bis hin zu den dringendsten sozialen und politischen Fragen, mit der die Welt heute konfrontiert ist. Seine Bücher sind nicht geschrieben, sondern aus zahllosen Tonband- und Videoaufnahmen transkribiert. Er hat über einen Zeitraum von 35 Jahren vor einer internationalen Zuhörerschaft stets aus dem Stegreif gesprochen.

DER LONDONER SUNDAY TIMES zufolge zählt Osho zu den „1000 Machern des 20. Jahrhunderts"; der amerikanische Romanautor Tom Robbins hat ihn einmal „den gefährlichsten Mann seit Jesus Christus" genannt. Osho selbst beschreibt sein Werk als „Beitrag, die Voraussetzungen für die Entstehung einer neuen menschlichen Lebensweise zu schaffen". Diesen neuen Menschentypus hat er immer wieder als „Sorbas der Buddha" umschrieben – also ein Menschen, der nicht nur wie Sorbas der Grieche die irdischen Freuden zu schätzen weiß, sondern ebenso sehr die stille Heiterkeit eines Gautam Buddha.

WIE EIN ROTER FADEN ZIEHT sich durch alle Aspekte von Oshos Arbeit die Vision einer Verschmelzung der zeitlosen Weisheit des Ostens mit den höchsten Potenzialen westlicher Wissenschaft und Technik.

VOR ALLEM SEINE REVOLUTIONÄREN Neuansätze zur Wissenschaft der inneren Transformation haben Osho berühmt gemacht. Denn seine Auffassung von Meditation wird dem rasanten Tempo einer modernen Lebensweise gerecht.

SEINE INNOVATIVEN „AKTIVEN MEDITATIONEN" basieren auf dem Gedanken, dass erst der in Körper und Geist angesammelte Stress abgebaut werden muss, um frei von Gedanken und entspannt einen meditativen Zustand zu erfahren.